松永暢史

●●

将来の学力は 10歳までの 「読書量」で決まる!

JN050988

扶桑社文庫

0717

はじめに

この本は2014年に刊行され、幸い多くの人に受け入れられて、今回その文庫化の機会を得ました。ここに、改めてこれまでの読者に感謝すると同時に、その後の教育の変化に合わせて少し付け加えたいことを記し、この本の前書きに代えたいと思います。

この本の主旨は、子どもに本を読む習慣を与えるには良い本の読み聞かせと、日本語の正しい音に触れさせることが大切というものです。私は、教育環境設定コンサルタントと同時に受験国語個人教授を長年仕事にして来ました。そしてそこで、勉強ができるとは、ほとんど日本語の了解能力に優れることに他ならないと確信するようになりました。

そもそも我が国では、テキストも学校の授業もテストも皆日本語で行われています。日本語の能力が低くて充分な成績を修めることはまずできない相談です。算数や数学でもテキストの解説を読んで理解できなければマトモに学習することはできません。しかし、ことは学年が上がってからのことなのです。それも大学入試に関することなのです。

読者の多くもすでにご存知のことと思いますが、この本が出た2014年に、文科省は教育再生実行会議の提案、続く中央教育審議会の答申を得て、2015年には高大接続システム改革会議を立ち上げ、大学入試改革を決定し、2020年からセンター試験を廃止して、記述力を重視した大学進学共通テストの導入をすることになりました。しかし、これは2019年暮れに延期が決定されました。

なぜ延期されたのか。表向きは国数の記述試験の採点システムが整わないことと、英語の民間試験移行に無理があることがその理由とされています。しかし、もう一つ絶対見落としてはならない理由がそこにあったのです。それは新テストのためのプレテスト（試行試験）で記述式出題をすると、受験者の多くが解答を書かない（書けない）ことが判明したのです。

このことは、選択肢やマークシート試験に慣れた子どもたちは読み書きが未発達なまま大学入学年齢を迎える者が大半であることを示していると思います。この「事実」は試験をした側をも驚かせる結果だったと思います。東大卒など高学歴の人たちは、一般の国語力がここまで低下していることを理解できていなかったのです。

しかし、東大はともかく、私立の上級校でも、マークシートで合否を決める大学の生徒は、マトモな文章が書ける者はごく一部で、レポートはおろか就活のためのエントリーシートすらも友達に手伝ってもらわなければ書けないことを私は知っていました。

みなさん、ここで一度立ち止まって考えてほしいと思います。

——大学とは何のために行くところか？

——大学に通うにはどのような能力が必要か？

大学とは、専門家の話を聞いて理解し、彼らの提示するテキストを読みこなし、自分の考えを文章化できることを前提にした高等教育機関です。でも18歳でその能力を身につけている者はごくわずかと言うことになります。

すると、大学は、大学で学ぶ能力のないものを多数入学させる教育機関であることになります。どうしたら良いか。専門家の話を聴いて理解できない。テキストが通読できない。レポートが書けない。そうした者に対して教育するには大学はどうしたら良いか。逆にそうした能力を身につけさせないで大学に子どもを通わせるとはどういうことを意味するのか。

詳しいことは他に譲りますが、高大接続システム改革の目的の中心部には、実はこの問題の解決を目指すことがあったのではないのか。だがそれは、生徒たちのあまりの記述力のなさによって不可能であることを露呈してしまいました。

逆に、同時に進行している入試のA・O化の現場では、確実に本をよく読んで自分の考えを文章化する能力がある生徒を採ろうとしています。つまり、文章が書ければ大学進学は楽勝。おまけに、大学入学後も意味のある学習をすることができるということになるのです。

さて文章が書けるようにするにはどうしたら良いのか。それにはまず良く本を読む習慣が必要です。本を読む習慣をつけるにはどうしたら良いか。それは子どもの頃から読書を生活の一部として、それを楽しめるようにしておくことが必要になるでしょう。子どもがそうなるようにするにはどうしたら良いのか。それは親が上手に読み聞かせをすることです。やっと話が繋がって来たと思いますが、将来の学力＝大学で学ぶ力の基を作るのが、子どもへの読み聞かせであり、それに続く読書の習慣なのです。大学とは本来、本が読めて文章が書ける人が行くべき所なのですから。大学もそうした人を入学させることに異論はないことでしょう。

子どもに本を読ませる。それは子どもを賢く育てたいと願うすべての親がするべきことです。でも、どんな本を読ませるのが、あるいは読み聞かせに選ぶのが良いのか。ここで「秘伝」を公開します。

この本は、編集者が選りすぐって来た400冊あまりの本を音読して、音が良いと判断したものを選ぶという形で作られました。「音が良い」――その基準とは何か。それは古今和歌集仮名序を一音一音切って読んだときのリズムと意味の伝達とズレていないことです。簡単に言えば、「や・ま・と・う・た・は　ひ・と・の・こ・こ・ろ・を・た・ね・と・し・て・よ・ろ・ず・の・こ・と・の・は・と・ぞ・な・れ・

り・け・る」の音と意味の伝わりの流れがズレないことです。ですから、読者も、子どもに与える本を選ぶ時に、この一音一音読みで良い感じのものを選べばよいことになります。

古今集は、その後の全ての本の手本となりました。それは和歌を通じて「古今伝授」として、紫式部、吉田兼好、松尾芭蕉といった人たちに連綿と伝わり続けました。その音を伝えていると思われる本を選んだのがこの本です。著者として、その音が子どもたちに伝わることを願って前書きに代えます。

令和二年三月

松永暢史

◎目次

第1章
「読書量」で子どもの学力は決まります！

第2章
10歳まで徹底的にしてあげたい「読み聞かせ」

第3章 本を読まずにはいられない「環境」をつくる

第4章

自分からどんどん読書する子になる方法

大人向けの棚にも手を伸ばしてみる

この誘導作戦で、本を読まずにいられなくなる！

「ラノベ読破」で進学校へ行った子

読書する友達を「すごいね」と褒める

「今、この子の関心は何か」を常に観察

本書は二〇一四年十二月、すばる舎より刊行された『将来の学力は10歳までの「読書量」で決まる！』を改訂し文庫化したものです。

ブックデザイン／株式会社ツーフィッシュ
イラスト／きつ まき

第1章

「読書量」で子どもの学力は決まります！

英語を習う？塾に行く？——それよりは「本」です

●●●「何かやらせなくちゃ」と焦ってしまう…

「頭の良い子に育てるために、何をしたらいいですか？」

こういう相談をよく受けます。

「大きくなったとき、志望大学に合格できるように」

「希望する仕事に就かせてあげたいから」

わが子がどんなに小さくても、親は子どもの将来を考えずにはいられないものです。しかしその一方で、こうもおっしゃいます。

「だけど、子ども時代はのびのび育てたいんです」

受験や就職なんて、まだまだ先のこと。子ども時代にしか経験できないことを、目いっぱい経験させてあげたい。

このように、親御さんはみんな矛盾した気持ちを抱えています。

そして、子どもが4、5歳に差し掛かると、その矛盾した気持ちがさらに揺り動かされます。よその子どもたちが目に入り始めるのです。

たとえば、あなたのお子さんはまだひらがなさえ書けないのに、同じ年のお友達は自分の名前を漢字で書けたりする。簡単な計算問題ができる。英語の歌が歌える……。

その姿を目の当たりにしてしまうと、「子どもは元気が一番」「たくさん遊んでいればいい」とは思っていても、**「うちの子、出遅れているんじゃないかな」と不安が頭をもたげます。**

ふと、周囲を見渡せば、教育熱心な親ほどいろいろな「何か」をやらせていることに気づきます。ピアノやヴァイオリン、水泳といった習い事をはじめ、幼児教室や英語教室、通信教材など、将来を見越した早期教育的なもの。

さらに、小学校に上がったら上がったで、塾に行かせるか行かせないか、受験塾に受かった受からなかった、といったことが話題に上ることも増えてきます。

ひと昔前の日本は、小学校に上がる前に字が書ける子などひと握りでしたが、今は当たり前のようになっています。教育産業の広告が目に入るたびに、「うちの子もそろそろ……?」と、不安が膨れ上がってしまうのです。

そうやって、多くの親御さんが焦っています。

でも、焦る必要はないのです。

「何かやらせなくちゃ、でも、のびのび育てたい」と揺れ動いている方にこそ知っておいてほしいことがあります。

本さえたっぷり読んでいれば大丈夫

私の仕事は、教育コンサルタントです。「教育環境設定コンサルタント」と自称することもありますが、いわゆるプロの受験指導者、学習指導者です。

これまで、私はたくさんの子どもに接してきました。そして、その子たちの生活習慣や家庭環境も観察してきました。その結果言えることがひとつあります。

それは、子どもの可能性は無限大で、どんな子でも能力を伸ばすことができるということです。

その子がもともと持っている能力の、はるか上までレベルアップさせることも可能ですし、スタートが少々遅れたとしても、後からぐんぐん伸びていく子に育てることも可能です。

けれども、そうなるためには、早くから勉強を始めなければいけないとか、小さい頃から塾へ通わせなければならないというわけではありません。

むしろ私は、**本格的な勉強は子どもがもっと成長してから、10歳を過ぎたくらいで十分**と考えています。焦る必要はなく、それまではのびのびと育てたほうがいいのです。とくに今の子は自然の中で遊ぶ経験が圧倒的に少ないですから、そうした機会をたくさん持たせてあげてほしいと思います。

ただ、親御さんが望むように、将来、子ども本人の人生選択を希望通りに叶えるため、絶対的に欠かせない学力を十分につけるという基準で考えると、必ず習慣づけておいてほしいことがあります。

それが、「本を読む」ということです。

これだけは、子どもが小さいうちから、できるだけたくさん、できるだけ熱心に、親が働きかけてほしいと思います。

勉強の先取りが悪いというわけではありません。ただ、それよりももっと大切で、もっとたっぷりと必要なのが「読書」なのです。

地頭の基礎が作られる10歳くらいまでは、「本」をとにかく与えてほしい。「読書」にかける時間をたっぷり作ってあげてほしいのです。

1日5分の読み聞かせで勉強ができる子に!?

●●● 東大生の親が共通でしていたこと

私のこれまでの経験から、高い学力を持つ子は例外なく小さい頃からたくさんの本を読んでいます。

かりに小学校くらいまではあまり勉強していなくても、「読書量の貯金」がたっぷりある子は、小学校高学年や中学校くらいで本気になったら、ぐっと後伸びするのです。**「本をよく読む」とは「勉強ができる」と言い換えてもいいくらいです。**

「読書」と言いましたが、自分で字を読めるようになる前は親が主に絵本を「読み聞かせ」することになります。これはもう、早ければ早いほどいいのです。

読み聞かせをたっぷりすることで、脳にたくさんの刺激が与えられます。また、自然に言葉になじんでいきます。厳密に言うと、日本語の音になじんでいきます。「あ、い、う、え、お」と文字を書かせて覚えさせるまでもなく、「特別なことなど何もしていないのに……」と驚くほど自然な流れとして、日本語に対する認識を高めていきます。

その後成長して、読書習慣がつくかどうかも、この時期どれだけ読み聞かせで本に親しんだかが大きく関わってくるのです。

東大生の親に行ったあるアンケートでも、共通して「子どもの頃にさせていた」のは「読み聞かせ」でした。

『ザ・ギフティッド』（扶桑社）の著書で話題になった、14歳でカナダのトップ大学に合格した大川翔君も、0歳から通っていた保育園での読み聞かせが非常に役立ったと、著書の中でお母様がおっしゃっています。

読み聞かせは、子どもが自分で読めるようになるまでの単なる「つなぎ」、あるいは「親子の交流」の一手段に過ぎないものと考えられているようです。しかし、そんなことはありません。

親が読み聞かせた分は、子どもの中にしっかりと残っていきます。つまり、あなたのお子さんの読書量の総量には、あなたの読み聞かせ分も換算されるのです。

「本は、自分で読めるようになったら読めばいい」

「字を覚えれば、自然に読みたがるようになるだろう」

そうした考えの家庭で育った子と、まだ小さいうちから毎日読み聞かせをしてもらった子では、10歳になったときの読書量の総量はケタ違いです。

親から「読書量の貯金」をたっぷりもらった子は、底力が全然違います。

●●●読書から広がる、本物の知的好奇心

人気予備校講師で、タレントとしても活躍されている林修氏に関する記事を読んだことがありますが、とても興味深いことが書かれていました。

林氏は、3歳になるくらいまでに、画家の祖父から紙芝居の『みにくいアヒルの子』を買い与えられたそうです。

最初のうちは、祖父が紙芝居を読んでくれるのをずっと聞いていたのですが、同じものをくり返し聞いているうちに一字一句覚えてしまい、そのうち自分が紙芝居を読み、祖父母に披露するようになったそうです。

たどたどしいながらも、紙芝居をすべてそらんじる孫を見て、祖父母は手放しで褒めちぎったと言います。林氏は、この経験が自分を読書好きにし、小学校入学前に日本語力の基礎を定着させてくれ、脳のスペックを大きくしてくれたと語っています。

林氏は、紙芝居を卒業すると次に百科事典、小学校へ上がってからは歴史に関心を抱き、小学3、4年生の頃には自分が知らないことを本や辞書で調べることが大好きになり、「歴史新聞」なるものを手書きするようになったと言います。

ごく自然に勉強を始め、そのうち自分が大好きな分野が見つかり、読み・書きを行ううちに当たり前のように学力がつき、ご存じのように東大に現役合格するに至ったわけです。

ここで考えてほしいのは、林氏の勉強の始まりが何だったのかということです。勉強の先取りや、高額な費用を要する英才教育ではなく、子どもにとって身近な大人による、ごく普通の生活の中での「読み聞かせ」だったわけです。林氏の場合は紙芝居でしたが、絵本でも同じです。

読み聞かせをスタートとして、本の世界に入っていくことで、語彙力から文章理解力、思考力、集中力、表現力など、学力向上に欠かせない力が養われていきます。

絵本を1冊読むのに、何十分もかかりません。たった5分、10分の読み聞かせが勉強の原点となるのです。それだけの価値が本にはあります。

本が子どもの学力を伸ばしてくれる理由

「日本語了解能力」がすべての土台

私たちは普段、日本語で会話をします。日本語で読み書きをし、頭の中でも日本語で考えています。ですから当たり前のように、日本語を会得していると思っています。

しかし、誰もが日本語を会得できているはずなのに、すべて日本語で書かれた同じ教科書を使っていても、勉強ができる子とそうでない子がいるのはなぜでしょう。親が焦って塾へ行かせても、やはりそこでできるようになる子とそうでない子がいるのはどうしてでしょう。

その差は、**「日本語了解能力」**があるかどうかです。

日本語を用いて、ものごとを理解・表現する力を、私は日本語了解能力と呼んでいます。これは国語力と言い換えることもでき、これこそが学力の土台です。

「頭が良い子」というのは、「日本語了解能力を身につけた子」です。

この日本語了解能力を、わが子に身につけさせる近道が読書です。子どもが小さいうちは、親の読み聞かせということになります。

日本語ができる子は、小さい頃に日本語の根幹に、偶発的に当たっているのだと思います。次章で詳しく述べますが、親の読み聞かせによって、日本語の良い音に偶然出会い、ハマるわけです。

「絵本をくり返し読んでいたら、知らない間に覚えてしまった」「絵本のある言葉が気に入って、そらんじるようになった」……。

それは、本当に偶然に起こることなのですが、こういうことが、日本語了解能力を「発動」させます。

そののち、自動的に自分で読書をするようになります。その時期が早ければ早いほど、日本語了解能力を高めていけますから、学校の授業や受験に際して有利になります。

だから、わが子の将来を考えるとき、親御さんは

「どうしたら、この子の日本語了解能力を高めることができるだろうか」

ということを中心に考えていけばいいのです。

国語の勉強では身につかない感覚的なもの

国語力（日本語了解能力）は、国語の勉強をすることで身につくものだとお考えの方がいます。

しかし、言葉とは生きているもの。どんなに文法や漢字の書き取り、熟語を習っても、それが実際の文章の中でどう使われるのか、どう使いこなせばいいのかは、たぶんに感覚的なものです。

それを磨くには、生きた言葉が詰まっているもの、つまり本にあたるしかありま

せん。

そのための読み聞かせであり、読書なのです。

そして、**国語力はすべての科目を学んでいくうえで必要になるもの**です。国語力がない子は算数の文章問題が解けませんし、社会・理科の授業や総合的な学習において自分の考えをまとめて発表することができません。

非常に重要な科目だからこそ、近年の中学受験の入試問題では、国語力を「見る」内容へと大きくシフトチェンジしています。

本書は中学受験を勧める本ではありませんが、私の専門分野であり、国語力と読書の関係を説明する非常にわかりやすい例なので、引用させていただきます。

首都圏初の中高一貫校として設立され、2011年に5名の東大合格者を輩出したことで、一気に上位校へとランクアップした白鷗高等学校附属中学校。その平成25年度の適性検査（入試問題のこと）です。

「アリとキリギリス」の物語が一部掲載されており、それを読んでの記述問題です。「アリとキリギリス」のように、生き物が登場する日本のお話で、好きなものをひとつ取り上げ、その生き物が日本人の社会や暮らしの中で親しまれてきたことについて、600字程度で書きなさいという出題です。

記述の条件には、「その生き物が用いられている、別のお話や歌の『題名』、または『ことわざ』や『俳句』などを書く」ということも入っており、幅広い知識を問われます。

●●●読書経験を問う上位校の入試問題

これは、読書している子でないと、合格点をとることはできない問題です。つまり、学校側は読書する習慣がある子、読書によって日本語了解能力を身につけている子をほしがっているのです。

子ども自身の体験や考えを論理的に書く力を試すだけなら、このような記述問題は作らないはずです。

また、６００字の制限の中でまとめるには作文力が必要ですが、作文力も当然国語力が土台にあり、**読書の経験があるからこそ適切な表現で的確な主旨の文章を書くことができる**のです。


麻布、開成、武蔵のいわゆる有名私立御三家をはじめとする難関私立校も、似た傾向にあります。入試問題で、読書する子かどうかをふるいにかけているのです。高校入試でも、大学附属校など同様です。

この傾向は、近年さらに強まっています。私の考えでは、この傾向が衰えることはなく、むしろ今後も加速していくことは間違いありません。

もちろん、大学入試においても同じ傾向が見て取れます。たとえば慶応義塾大学は国語の試験がなく小論文試験のみです。早稲田大学、明治大学も記述解答を求める出題をしています。

お子さんの大学受験は、まだ先のことでしょう。ただ、読書の習慣づけは、いくら早くても早すぎることはありません。

そして、お子さんがすでに小学校に入学している場合でも、遅すぎることもありません。これから始めればいいのです。10歳を過ぎている場合も同様です。将来を見据え、今日から習慣づけを行ってください。

10歳までにどれだけの「読書量」を積んだか

本格的な勉強はもっと後からでいい

本書は小学受験や中学受験について書かれたものではなく、また勧めるわけでもありません。勉強は長いレースです。仮に大学受験をひとつのゴールとするなら、10年以上の長丁場です。

幼児や小学校低学年の頃に「勉強」を詰め込んでも、それがずっと将来まで持ち越されるとは限りません。

もちろん、子どもが自分から、学習塾に行きたい、英語を習いたいと言うのならいいでしょう。最初はあまり乗り気でなくても、始めてみたらその子に合っていたということもあります。けれども、現実にはそうならないことが残念ながら多々あります。

何より懸念するのは、子どもが勉強嫌いになってしまうこと。勉強は中学、高校と上がるほど高度になり、じっくり取り組むことを求められますから、勉強嫌いな子は長いレースの途中で挫折してしまいがちです。

高みを目指す子どもほど、小さい頃から塾に入ります。たとえ有名な受験塾の入塾試験にパスしても、塾に入れば難関私立中学への合格切符が手に入るわけではありません。必死で勉強してもその塾で下位のままという子もいます。

私の考えでは、塾で上から3分の1に入っていなければ辞めるのが賢明です。難しいテキストをやらされて「自分はできない」というコンプレックスを植えつけられるだけだからです。そして、勉強は「苦しいもの」「つまらないもの」になります。

それよりは、「本」です。**本は楽しむためのものであり、いくら読ませても、読んであげても、勉強が嫌いになることはありません。**むしろ先の林氏のように、本で得た知識を広げたい、もっといろんなことを知りたいと、勉強へのやる気が湧くきっかけにすらなります。

「勉強」ばかりでは、読書の時間が奪われてしまいます。これは非常に大きな問題です。

10歳くらいまでの子どもの頭は、まだ「モワッ」としています。要するに成長過程のさなかですから、自分自身のことはまだよくわからないのです。その「モワッ」とした頭に、厳しい勉強だけを課すのは、植物に肥料をやり過ぎるようなものです。

花は、水や太陽の光といった、成長においてまず欠かせない大切な栄養の前に、肥料ばかり与えてしまうと、茎ばかり育っていびつになります。

でも、水や太陽の光をたっぷり与えてやれば、**花はその花が咲くべきときにきちんと咲きます**。毎日世話をしていると、肥料を与えるタイミングはおのずとわかります。「今だな」という頃合いを見計らえば、もともと蓄えていたエネルギーをまさに開花させるように、ぐんぐん伸びていくのです。

子どもも同じです。私がこれまで見てきた子どもの中には、さまざまなタイプがいます。最初はそれほど目立った成績ではなくても、いざ本人がやる気になったときの後伸び力がすごい子もいます。

そういう子は間違いなく、小さい頃から本を読んでいる子です。学力のベースが確実にできており、新しく学んだことを着実に積み重ねていくことができるのです。

●●● たくさんの本を。1冊を何度も

小さい子をお持ちの親御さんは、今日から早速たっぷり読み聞かせをしてあげてください。

「読み聞かせなら、もう十分にやっている」または「やってきた」と感じられる方もいらっしゃることでしょう。しかし、読み聞かせがどういう理由で子どもの頭にとって良いのか、子どもの将来のためにどういう良い作用があるのかを明確に理解

されたうえで行っている方は、ほとんどいらっしゃらないでしょう。

それについては次章で詳しく見ていきますが、まずは読み聞かせが実は将来の学力に直結するのだと意識することで、がぜん熱の入り方が変わってくると思います。

「これまであまり読み聞かせをしてこなかった」「子どもがじっとしていられない」という場合も、心配ありません。すぐ終わるような短い文の絵本から始め、慣らしていけば、やがては「毎日本を読んでもらうのが当たり前」になっていきます。

とにかく「量」を積んでほしいのです。

それは1冊を何回でもいいですし、飽きっぽいお子さんならたくさんの本を読むのもいいでしょう。

仕事や家事に忙しいと、なかなかまとまった時間が取れないことが悩みかもしれませんが、**1日の中で隙間時間をうまく見つけて継続していけば、トータルの読書量は確かなものになります。**

毎日の中に、本に子どもが集中する機会を可能な限り持ってほしいと思います。

●●● 本は最高の知育教材

読み聞かせは、乳幼児に限りません。小学校に上がって、すでに自分で本を読めるようになっていても、子どもが望めばいくらでも読んであげてください。東大生の親の中には、中2までしていた親御さんもいるという話を聞いたことがあります。

それどころか、親から積極的に働きかけて読んであげてほしいくらいです。耳から音として聞くのは非常に大切なことであり、自分で黙読するのとはまた違った刺激を脳に与えてくれます。

最近の小学校では保護者が読み聞かせボランティアをしていますが、そこでは小さい子向けの絵本に小学生が釘付けになっているようです。**ある程度の年齢になっても、子どもは本を読んでもらうことを楽しみます。**「もう大きくなったから」とやめることはありません。

本は1冊千円前後で買うことができ、図書館で借りればタダです。また、ドリルやテキストのように「勉強」するわけではなく、習い事のようにどこかに出かける必要もありません。

自宅で、普段の生活の中でできる。それに、何と言っても楽しくおもしろい。**こんなに手軽で有効な教育法はありません。**

さらに言えば、本が好きな子になれば、テレビもあまり見なくなり、たくさんのオモチャもいらなくなります。一人で静かに過ごせる時間も増えるでしょう。

「本こそ最高の知育教材」――。本書を通して私がお伝えしたいのは、まさにそれなのです。

読書習慣があるだけで、頭ひとつ抜き出ます

1日に1時間以上本を読む小学生は6人に1人

私のこれまでの実感では、「国語が大好きだった」という人は、決して多数派ではありません。半数近くの人が高校卒業までに国語を苦手と感じるようになり、そのうちの半数はすでに小学校の時点でそう感じるようになると言われていますが、実際にそうだと思います。

読書に関してはさらに明確で、子どもが本を読まなくなる境目は10歳です。この年齢は、子どもの社会性がぐっと高まる時期です。たとえば、ニュースや大人が話していることを聞きかじっては、「税金って何?」などと聞いてくるようになります。

社会に目が開かれたという点ではいいことですが、反面、社会にあふれる良くないものも吸収する可能性が高まるということです。

テレビやインターネット、今では子どもが当たり前のように所有しているゲームやスマホ。そうしたものを自由に扱えるようになると、読書が本当の意味で生活習慣として根づいている子ども以外は、ほぼそのあたりから本を読まなくなります。

小さい頃から中学受験を視野に入れ、見事に合格を果たした子でも、「塾の課題図書」というノルマがなくなったとたん、本には見向きもしなくなるというケースも少なくないようです。

「これまで我慢してきたんだから」と、ネットやスマホし放題の生活に、どっぷりつかってしまうのです。

そうならないために、10歳までが本好きにするチャンス期間なのです。

最近は、学校の「朝読」効果もあり、まったく本を読まないという子は減ってきていますが、学校外で日常的に読書している子はどれだけいるでしょうか。

統計によれば、読書時間が1日に30分以上ある小学生は3人に1人、1時間以上ある子は6人に1人となっています（文部科学省・平成24年度全国学力・学習状況調査）。中学生となると、その割合はさらに減ります。高校生にいたっては、1カ月に1冊も本を読まなかった生徒が50％以上に上ります。

読書家ということだけで、すでに少数派なのです。それだけ周囲から頭ひとつ抜き出ているということです。

仮に今、幼児のお子さんでまだ字が書けず、お友達が書けていたとしても。小学生のお子さんで、学校の成績が上位でなくても。勉強が本当に必要となり、本人にスイッチが入ったとき、たちまち伸びていきます。

●●● 大人になって成功する人はみな読書家

言うまでもなく、本はさまざまな知識や知恵も与えてくれます。

人ひとりにできる経験には限りがあります。それを補ってくれるのが本です。

優秀な人はみな読書家ですが、大企業の社長さんや一代で事業を成功させた実業家など、自分の能力を最大限に発揮して生きておられる方々も、ほとんどが読書家です。

本との対話によって、自分自身の幅を広げ、思考を深めていくのです。

子どもも同じです。本によって、知らないことを知ることができる。さらに好奇心を刺激され、どんどん知識を深めていける。いろいろな物の考え方を学び、思考力を鍛えられる――。

こうした訓練を積んだ子が、大人になってから成功するのは自明のことなのです。

第2章

10歳まで徹底的にしてあげたい「読み聞かせ」

読み聞かせは最初かつ最重要な読書経験

「音を聞かせる」のが目的

子どもにとって読書経験の始まりは、親による絵本の「読み聞かせ」です。前章でも述べたように、これはもう何歳からでも、早ければ早いほどけっこうです。「言葉を話せない乳児の頃からやって、効果があるのですか」などとお尋ねになる親御さんがいますが、言葉を話せない乳児だからこそやる意味があるのです。

さて、「読み聞かせ」という言葉。これをご存じない方はいらっしゃいませんね。では、この言葉の意味を正確に説明できるでしょうか。「絵本を読み聞かせる」ということは、どういうことでしょう。

「物語を読んで聞かせること」

「絵を楽しむこと」

もちろんそれも正解ではありますが、大正解とは言えません。絵本の読み聞かせの目的をこのように考えている方がほとんどなのですが、実は違うのです。

「情操教育に役立てるため」

これも間違いではありませんが、第一目的とは異なります。

では、「絵本を読み聞かせる」ということは、どういうことか。

それは、「音を聞かせること」です。

絵本に書かれている一字一字のすべてを、子どもの耳から体内へ注入させるようなイメージで読んで聞かせること。これが、読み聞かせです。

●●● スラスラ読んではいけない

みなさんはこれまで、どんなふうに絵本を読んできましたか？「なんとなく」ではないですか？　では、まず、次の一文を子どもに読んであげるつもりで、声に出してみてください。

ある日のこと、じいさは　山へ　しばかりにいき、
ばあさはにわでせんたくを　していました
（『したきりすずめ』石井桃子／再話　福音館書店）

スラスラと、よどみなく読んだ方がほとんどだと思います。
頭の良いお母さんは、音読がお上手です。でも、これからお話しする読み聞かせの方法は、いわゆる朗読とは違うことを、まず頭に入れておいてください。
また、女性は感受性が豊かです。感情を込めたり、声音を変えたりすることで絵本の世界をよりビビッドに子どもに伝えようとします。が、それに神経を使う必要もありません。私はおそらく日本で一番、音読を行ってきた指導者です。私の授業は音読のオンパレードです。

幼児向けの絵本や幼年童話から、古典から現代に至る文芸作品まで。洋の東西を問わず、また、ジャンルを問わず。お母さん向けの音読会や、これから受験を目指す中学生や高校生、そしてもっと教養を深めたいと考えている大学生や社会人とともに、とにかく読みまくってきました。その際、キモになるやり方があります。口をしっかり開け、意識して文字を一音一音ハッキリ読むことです。

「あ・る・ひ・の・こ・と・じ・い・さ・は・や・ま・へ・し・ば・か・り・に・い・き・ば・あ・さ・は・に・わ・で・せ・ん・た・く・を・し・て・い・ま・し・た」

試しにやってみてください。すべての音をしっかりと、同じ強さで発音します。棒読みのお経みたいに聞こえるかもしれませんが、それでいいのです。絵本は、音を聞かせるためのものです。もっとも大事なのは、すべての音が子どもに聞こえるように読むこと。私はこれを、**「一音一音ハッキリ読み」**と呼んでいます。

「一音一音ハッキリ読み」で子どもがじっと耳を澄ます

「落ち着きのない息子が集中して聞いている！」

私の指導を受け、「一音一音ハッキリ読み」を実践したお母さんたちがいます。

あるお母さんは、「じっとしてないうちの息子が、ちゃんと聞いてくれるのかしら」と、最初はいぶかしむ様子でした。

そのお母さんも、絵本はスラスラとよどみなく読むのがいいと思い込んでいました。そもそも絵本に読み方があるなんて、思っていないわけです。「やってみます」とはおっしゃったものの、かなりとまどっていました。

でも、ひと月後にお会いしたときの第一声は、「うちの息子、前よりも聞いてくれるようになったんですよ」という喜びの報告だったのです。

以前は、少しでも長い文章の絵本だと、読んでいる途中に4歳の息子さんが「早くぅ！」とじれて、自分でページをめくろうとしていたそうです。「飽きさせないためには、早めのスピードで読むか、短い文の本を読むしかない」と思っていました。

けれども、「一音一音ハッキリ読み」をしてみたところ、これまでより読むスピードは落ちるのに、息子さんがじっとしているのです。1ページに10行くらいの文がある長めの本でも、集中して聞いているのがわかります。

「もしかしたら、今までは**音が〝聞こえていなかった〟から、聞いていられなかったのかもしれません**」と、そのお母さんはおっしゃっていました。

●●●「でした」の「た」まで意識して読む

絵本を読むとき、語尾はついおざなりな発音になりがちです。日常会話でもそうですが、「昨日、遊園地に行ったんです」と言うとき、最後の「んです」あたりはほとんど明確に発音されません。

絵本を読むときでも、「ある日のこと」という文の「のこと」などは、3音まとめて適当に発音されていることがほとんどです。

でも、そこを意識するのが「一音一音ハッキリ読み」です。「〜ました」は「ま・し・た」とハッキリ。「〜だなあ」も「だ・な・あ」とハッキリ。「〜して」の「て」、「〜ません」の「ん」も、しっかり発音します。

そうすると、音にリズムが出て、聞いているほうも楽しくなるのです。


また別のお母さんは、「自分は滑舌が悪く、子どもも聞き取りづらそう」と、読み聞かせに苦手意識を持っていました。そういう方こそ、「一音一音ハッキリ読み」が効きます。

滑舌の良し悪しとは、音を続けて読むときに生じるものです。一音ずつ読めば、たとえば言いづらい「さしすせそ」も、単独で発音することができ、聞き取りやすいものになります。

勉強しなくても国語が得意になるしくみ

「は」と「が」の違いを体感的に覚える

この「一音一音ハッキリ読み」による最大のメリットは、日本語了解能力を早い段階で子どもにつけられることです。日本語了解能力とは、第1章でも述べた通り、つまりは国語力のことで、学力を積み重ねていくうえで基盤になるものです。

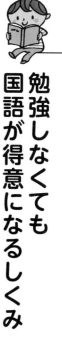

日本語は、複雑な言語です。複雑たらしめている主な要素は、助詞や助動詞の働きにあります。

話し言葉と書き言葉は違い、書き言葉を正確に扱えるようになることと、学力は比例しています。ただ、多くの場合、「あ・い・う・え・お」を書く練習をした記憶はあっても、助詞の「て・に・を・は」や助動詞の「〜です」「〜だ」などの文法を、単独で習得した記憶はあまりないはずです。

実際、小学校の国語の授業で、文法だけ独立させて教えるということはありません。教科書を読むことで、それらは自然に学んでいけるものと考えられているのです。もちろん、それを否定するつもりはないのです。子どもが自分で本を読めるようになり、たくさんの文章に触れていけば、助詞や助動詞の働きを無意識のうちに理解していくことは可能です。

でも、その自然現象を待っているか、それとも親が意識的にその機会を作り、確実に子どもに日本語了解能力をつけるか、どちらを選択しますかということです。

例を挙げてみましょう。『すてきな三にんぐみ』という絵本の出だしです。

あらわれでたのは、
くろいマントに、くろい　ぼうしの　さんにんぐみ。

冒頭に助詞の「は」があります。「が」ではなく「は」であることに注意してく

あらわれてたのは、
くろマントに、くろい　ぼうしの　さんにんぐみ。
それはそれは　こわーい、どろぼうさまの　おでかけだ。

『すてきな三にんぐみ』トミー・アンゲラー作・絵　今江祥智／訳（偕成社）

ださい。「は」は、多くの場合、「私は」「僕は」というふうに主語に付属して用いられますが、この「あらわれでたのは」の「は」は強調の働きをしています。

黙読しているだけでは、主語や主部を示す助詞として認識するだけで通り過ぎてしまう「は」ですが、音読すると、この「は」が確実に強調されます。

しかもこの場合は、「は」の後に読点があることで、読み手は無意識にここでひと呼吸空けますから、さらに強調の意が強まるのです。

『すてきな三にんぐみ』は、三人のど

ろぼうたちのお話です。絵本を開くと、パッと目の前にどろぼうたちが現れた！　そんなふうに子どもをドキドキ、ワクワクさせ、一気に引き込んでしまう効果を、この「は」が担っています。

もう一例挙げます。次は『ろくべえまってろよ』という絵本の出だしです。

ろくべえが、あなに　おちているのを、
さいしょに　みつけたのは、えいじくんです。

2行目の「みつけたのは」の「は」に注目してください。この「は」が「みつけたのが」と「が」になっていても意味は通じます。

ですが、ここも強調の「は」を用いることで、穴に落ちた犬のろくべえを見つけたのがえいじくんだと、絵を見なくても、音を聞くだけで認識できる仕掛けになっています。

ろくべえが、あなに　おちているのを、
さいしょに　みつけたのは、えいじくんです。
「まぬけ」
と、かんちゃんが　いいました。
いぬのくせに、あなに　おちるなんて、
じっさい、まぬけです。
あなは、ふかくて、まっくらです。
なきごえで、ろくべえ　という　ことは
わかりますが、すがたは、みえません。

『ろくべえまってろよ』灰谷健次郎／作　長 新太／絵（文研出版）

小学生になってからも

このように、一音一音ハッキリ読むことで、日本語の一音一音に大切な意味があることが、脳への刺激となって伝わります。文章構造が自然に理解できるようになるのです。

私はこれを**「音が入る」**と言っています。

ある聴覚に関する研究者は、「聴覚が変わると、その人の能力はガラリと大きく変わる。そして必ず、できる頭に変わる」という主旨のことを言っています。「耳が閉ざされていると、脳が活性化しない」というのです。

まずは今ご家庭にある、お子さんのお気に入りの1冊を「一音一音ハッキリ読み」することから始めてみてください。それが、10歳までにたっぷり読み聞かせを行うための入口です。

また、これまでもくり返し述べてきたように、読み聞かせに「今さら」ということはありません。小学生からでも、読み聞かせによって脳はガラリと変わるのです。

効果絶大。これが読み聞かせのコツ

毎日、より効果的な読み聞かせを行っていただくために、やり方のコツをまとめておきます。

●●●口を大きく開け、すべての音を発音する

①一音一音ハッキリ読む

これまでお伝えしてきたように、一音一音ハッキリ読みます。その際のポイントとしては、つとめて口を大きく開くことです。それだけでグッと発音がハッキリしますが、さらに、母音について次のように意識してみてください。

「あ」→最大限に口を開く発音。自分の口に、ゲンコツを入れるイメージで広げ、腹の底から音を出す。

「い」→「あ」の状態から左右に思い切り口を引き裂くイメージで。

「う」→口を前に尖らせて、しっかり止める。

「え」→唇を少し堅くして、口をやや縦に開いて発音する。

「お」→口を結びかけて下あごを下げ、口の中に空洞を作る。

日本語は50音ありますが、口の形は基本的にこの5つです。ぜひ一度、実際に声に出して言ってみてください。たとえば、言いづらい「し」も、この口の開け方をすると、とても聞き取りやすくなると思います。

②声音は自然な感じで

上手な読み聞かせというと、登場人物になりきって情感たっぷりに朗読するというイメージがあります。それゆえに読み聞かせが苦手という方もいるでしょう。

しかし、これまで述べてきたように、こと日本語了解能力をつけるための読み聞かせには、そうした朗読は必要ありません。一音一音聞かせることが目的ですから、むしろ抑揚をつけず淡々と読むのが理想です。

とはいえ、完全に平板に読むのはかえって不自然で読みづらい、子どもの反応も悪いということもあるでしょう。おじいさんのセリフは低めに、女の子の声は高めにという具合に、自然な感じで読めばいいと思います。

③文章を変えて読まない

赤ちゃんやまだ絵本に慣れていない子の場合、文章を読み聞かせても関心を持たないことがあります。そこで、初回は読み聞かせの途中で「ブタさんどこかな?」「これ、なんだっけ」などと、子どもの関心を引くような問いかけをしてみます。絵柄について説明するのもいいでしょう。

そういうやり取りが、絵本の内容を理解することにつながるので、次にその絵本を読み聞かせるときには、子どもは音だけに集中できるようになります。本来、私が勧める読み聞かせは、音を聞かせることが第一の目的ですが、まず子どもを本好きにさせるためには多少の工夫が必要と言えるでしょう。

ただし、子どもにわかりやすくしようと、たとえば「〜でした」という語尾を「〜なんだって」などと変えてみたり、ちょっと難しそうな言葉を簡単な言葉に言い換えてみたりといったことはやめましょう。一音一音に意味があり、そのままで読むことに価値があるのです。

また、子どもはそうやって知らない言葉に出会い、語彙《ごい》を増やしていくものです。わからない言葉があっても、文章の流れの中でなんとなく理解することができます。もし「○○ってなに？」と聞かれたら、そこで教えてあげればいいのです。

④年少ほど、ゆっくり読む

子どもの成長は早く、1年前と今では比べものにならないほど、自分でできることや言葉数が増え、理解力が増していると思います。そこで、子どもの年齢と読み聞かせ方の関係ですが、どの年齢でも基本的な「一音一音ハッキリ読み」は変わりません。

しかし、3歳以下の小さいときこそ、より一音一音ハッキリと、大きな声でゆっくり読むようにしてください。

一音一音区切って読むとスピードは遅くなりますが、少しくらいゆっくりの方が子どもの耳にはちょうどいいのです。

数カ月続けていると、読み聞かせのスピードも上がりますし、子どもの耳にも一音一音がハッキリしていながらもつながって聞こえるようになります。

もちろんもっと上の年齢の子でも、ゆっくりハッキリ読みを試して大丈夫そうであれば、ぜひ実践してください。

⑤寝転がって読む

なかなか集中しない子や、あちこち興味がいってチョロチョロ動きたがる子を絵本に引き込むには、仰向けになって一緒に寝転がってしまいましょう。

仰向けになって絵本を広げると、読み聞かせてもらいながら、子どもの眼前には

天井いっぱいに物語の中の世界が広がります。それがいいのです。読書の醍醐味とはまさにそこです。

夜寝るときだけでなく、日中でも床に寝転がってしまいましょう。子どもも大喜びです。

子どもからすると、親の隣にくっついていられる安心感が得られ、親からすると「チョロチョロ防止」にもなる、一石二鳥の方法です。

「一音一音ハッキリ読み」の発見に至ったきっかけ

『徒然草』の音読で成績が上がったビリ中学生

私が「一音一音ハッキリ読み」を発見するに至ったのは、ある「できない男の子」がきっかけでした。当時、中2だった彼の「状態」はひどいもので、国語の教科書の漢字が読めないどころか、ひらがなも読み間違えるレベル。むろん、文章らしい文章の読み書きもできません。彼はほとんど両親から本の読み聞かせをしてもらったことがなく、自分でも本を読んでこなかったのです。

ある日、彼はいつも以上に無気力な態度で机につっぷしていました。国語の授業で「コブンに入った」のが原因で、彼の言う「コブン」とは『徒然草』のことでした。そこで、「つれづれなるままにひぐらし……」から始まる冒頭を、音読してみることにしました。私が先に音読して、それを彼が真似るのです。

でも、当然のことながらつっかえつっかえなので、ほとんどやけくそ気味に、「ゆっくり、一音一音、ハッキリと区切って読もう！」と提案し、「間違いさえしなければ上出来」としました。とにかく褒めて、褒めて、褒めまくったのです。

これをくり返した結果、徐々に「コブン」の音読が速くなり、国語の随筆でもスピードが出るようになり、さらには社会の教科書までスラスラ読めるようになりました。つまり、『徒然草』の音読をきっかけに、彼の日本語了解能力が「発動」したかのようになったわけです。

彼の成績は、クラスでビリから2番目だったのですが、成績表が全体的に「3」まで上がり、高校進学後も伸び続け、有名私大への合格を勝ち取りました。

●●● 日本に昔からあった音読カルチャー

『徒然草』の音読が、彼の人生を大きく変えたわけですが、このできごとは私にとっても衝撃的でした。しかし、それは彼だけに起こったことではなく、その後、他の子どもでも似たようなことが頻発しました。

最初はただの偶然かと思っていたのですが、そうではなく、私は日本語学習における極めて根幹的な発見に突き当たったことに気づいたのです。『徒然草』は、江戸時代の寺子屋で多くの子どもたちに読まれた、音読のテキストでした。しかし、なぜ、当時の人にとって古典随筆であった『徒然草』がテキストに選ばれたのでしょう。

吉田兼好の文体には、彼が生きた時代より以前の古典文学である『源氏物語』や『枕草子』の影響が色濃く見られます。これらは、口伝によって芸能や文学が継承されるのが当たり前だった平安時代、宮中でくり返し音読されました。

そして、『源氏物語』や『枕草子』には、平安宮中文学のテキストだった『古今集』や、貴族の間で語り継がれていたであろう日本最古の物語『竹取物語』や、日本語の音の美しさが凝縮された和歌集である『万葉集』の影響さえ見て取れます。

兼好は歌人でもあり、坊さんでもあります。日常的に音読を行っていたことは、想像にかたくありません。ということは、日本にもともとあった音読カルチャーの効能を知っていたのでしょう。

先に挙げた「できない男の子」の日本語了解能力が、『徒然草』の音読によって「発動」したのは、『徒然草』にそれ以前の時代に数えきれない教養人たちによって音読されてきた、「音の良い言葉」のエッセンスが詰まっていたからではないでしょうか。

●●● 日本語了解能力を「発動」させる文章

長々とこの話をしたのには訳があります。

日本語了解能力を発動させるには、『徒然草』のように、**耳で聞いて「音の良い」文章で書かれた本**であることが大切なのです。

これまでどんなふうに絵本を選んできましたか？　「有名な定番だから」「先輩マ

マに勧められて」「自分が子どもの頃に読んでもらって、好きだったから」「本屋でたまたま見かけた」など、いろいろな理由があると思います。

でも、「本当のことを言うと、良い絵本の基準がわからない」という方がほとんどではないでしょうか。

私は、小さなお子さんをお持ちのお母さんを対象に、「音読会」を行っています。そのような場に出向いていらっしゃる方々でも、「なんとなく良さそうなもの」を曖昧に選んできたというのが実情です。

しかし、読み聞かせは子どもにとって一番最初、かつ一番大切な読書体験です。そのときに選ばれる絵本が「なんとなく」という基準であっていいはずがありません。では、どんな絵本を読み聞かせればいいのか。

その答えが、「音の良い本」です。

まだ誰も着目していませんが、子どもの頭を良くしたいとお考えの親御さんに、なんとしてもこの事実をお伝えしなければと思い、私は本書を書いています。

「音が良い」絵本を選ぶことも大切

美しい日本語で書かれているかどうか

音の良い絵本というのは、美しい日本語で書かれた絵本ということです。

絵本は文字が少ないですね。しかも、小さな子どもにもわかる言葉で書かれていることが大前提です。かと言って、単語の羅列では、ただページをめくるだけで「なーんだ」という感じで終わってしまいます。

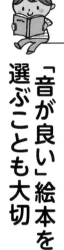

子どもにもわかる平易な言葉を用いながら、盛り上げたり、興味を引いたりして、子どもを引き込んでいく高等テクニックが必要です。

そして、絵本は文字が少ないからこそ、短い一文の中にムダな語がひとつでもあれば、リズムが乱れてしまいます。そうなると、文全体の調子が悪くなり、聞いている子どもの関心が逸れてしまいます。

だから作家はおのずと、「日本語を耳から子どもに伝えよう」という意識で言葉を選ぶことになるでしょう。そのように、一音一音、音を意識して書かれた絵本を、美しい日本語で書かれた絵本と言います。

音の良い絵本をたくさん読み聞かせれば読み聞かせるほど、美しい日本語が子どもの中に入り、子どもの日本語了解能力のベースが強固になります。


もちろん絵本にはいろいろなタイプがあり、絵が主体というものもあるでしょう。ただ、子どもの日本語に対するセンスを磨くという目的に関する限り、美しい日本語で書かれた絵本を選びたいものです。

また、**良い音の本は、子どもも好き**なのです。

先に、「一音一音ハッキリ読み」で、息子さんがじっくり聞いてくれるようになったお母さんの例を挙げました。このお母さんには、さらに「音の良い絵本」を選んであげたのですが、「他の本と比べて、息子の反応がずっと良いです！」とのことでした。

●●●リズムが良いから、読んでいる方も楽しい

実は、本書を書くに際し、私は編集者たちが持ってきた膨大な絵本を片っ端から「一音一音ハッキリ読み」で音読しました。

音の良い絵本だと調子が出て、ついついページをめくってしまいます。気づくとリズムに乗っていて、「先生、ノリノリですね」と編集者たちにからかわれるようなことがありました。

そう言いながら、私の音読を聞いている方もノリノリで楽しそうなのです。

音の良い絵本は、調子やリズムが良く、音がダレません。美しいメロディに美しい言葉がマッチした状態ですので、読み聞かせている方が、**まるで歌を口ずさんでいるように心地良くなってきます。**

合唱やオペラ歌唱を見ていると、歌い手の体が自然にメロディに乗って揺れてい

ることがありますが、あの状態に近くなります。そして、観客も音の世界へいざなわれます。

先の息子さんも、音の良い本を読んでもらい、そのリズムの良さが感覚的にわかったのでしょう。長い文章になればなるほど、音の良さが子どもの「ノリ」を引き出すポイントになります。

●●● 音の良い文章は光って見える

音読して耳に心地良い作家と言って、私がすぐに思い出すのは樋口一葉です。代表作『にごりえ』の冒頭は、「おい木村さん信さん寄つてお出よ、お寄りといつたら寄つても宜いではないか、又素通りで二葉やへ行く氣だらう、……」と始まり、小気味良く流れる美しい文体です。黙読でもリズム感は十分に伝わりますが、音読するとさらによくわかります。

幼少時代から読書に親しんでいた樋口一葉は、もともとの文才と和歌や古典の素養に加え、私が考えるに、「耳の良さ」も兼ね備えていたのではないでしょうか。彼女が『にごりえ』や『たけくらべ』を執筆したのは、吉原遊郭近くの下町です。当時は、子どもが歌うわらべ歌や物売りの声が、当たり前のように聞こえていたはずです。また、ちょっとした教養人なら、能の謡や義太夫を習っていました。稽古で吟じる音が、聞こえていた可能性もあります。

これらの音は、日本人の文化そのものです。昔の日本の町に流れていた音は、それ自体が美しかったのです。樋口一葉は、特殊なテープレコーダーのようなものを体内に持っていて、生活の中で聞くそれらの音や市井の人々の暮らしぶりを、美しい日本語に変換していたのではないでしょうか。

樋口一葉に限らず、いずれかの理由で「音による言葉」に幼少の頃から日常的に接し、知らず知らずに体内に良い音を獲得した人が書いたものは、文章を見ただけでわかります。それは絵本にも見られ、ページを開くと、パッと光って見えるような文章があるのです。

そういう絵本は、『徒然草』や『源氏物語』『枕草子』、そして『古今集』『万葉集』など、時代を超えて連綿と受け継がれてきた**正統派音読テキストと、地続きの存在**だと考えていいのです。

音の楽しさで子どもが本好きに

秀逸な擬音「べりべり　ばりっ」

では、音が良い絵本とはどんなものなのか。その特徴は、

①耳で聞くだけでわかる
②一音一音読んでも乱れない
③そのまま覚えたくなってしまうようなリズムがある
④ゆっくり読んでも意味が通じる
⑤黙読してもためになる

このようなことが挙げられます。たとえば、次の絵本を見てください。『くすのきだんちのコンサート』という絵本の出だしです。

くすのきだんちに、あらしが　ふきあれています。
ひゅう　ごおーっ
べりべり　ばりっ
ひが　くれると、あめも　かぜも
ますます　はげしく　なって　きました。

短い文章で、嵐の情景をうまく伝えています。ムダな語がひとつもなく、耳で聞くだけですっと意味が通りますし、一音一音読んでも乱れません。

とくに、「ひゅう　ごおーっ　べりべり　ばりっ」という擬音が効いています。

絵本には擬音がよく使われますが、文章としてちゃんと成立している「ありがたい擬音」は、実は少ないのです。ありがたくない擬音というのは、ただ単に「ガガガ」とか、「ジャーン」とか、映像における効果音的な役割や勢いづけに留まっています。

『くすのきだんちのコンサート』 武鹿 悦子／作　末崎 茂樹／絵（ひかりのくに）

それでは頭に入っていきませんし、日本語として頭に残りません。この例のように、擬音を擬音として使いながら、文章としてもきちんと使われている擬音を、ぜひたくさん読み聞かせてあげてほしいと思います。

「ひゅう　ごおーっと　風が鳴り」とか、「木の葉が　べりべり　ばりっと　ちぎれ」などと説明していませんが、くすのきだんちに嵐が吹き荒れ始め、やがて激しくなっていく文章の前後を、擬音でつなぐことで、物語性を高めています。説明は絵に託し、余分な音はそぎ落としているのもいいところです。

こうした擬音は子どもが喜んで、何度か聞いたら覚えてしまいます。そして、そらんじたりします。音の楽しさがきっかけで、子どもが本好きになるのです。これが「音の良い絵本」の最大の魅力です。

●●● ムリに与えようとしてもうまくいかない

先にも述べたように、今回私はあらゆる絵本を音読して、「これは音が素晴らしい」というものを選ばせていただきました。それが１０３ページから紹介する61冊です。もちろん他にも、良い音の絵本はたくさんあるでしょう。「一音一音ハッキリ読み」に慣れてくれれば、ご自分で音の良し悪しをなんとなくでも判断できるようになると思います。そうした絵本をぜひ読んであげてください。

とはいえ、音の良い絵本を選んでみたところで、子どもの方が「これはイヤ」「あっちの本がいい」ということもあるでしょう。年齢が上がるにつれ、好みが出てきます。あるお母さんは、「うちの息子は電車が出てくる本しか読ませてくれない」と嘆いていました。

そんなときは、**子どもが読みたいという本を、まずは読んであげてください。**そして、十分に満足したところで、「じゃあこれも読んでみようか」と、音の良い絵本を滑り込ませるのです。

絵本を買ったり、図書館で借りる場合も同様です。子どもにほしい本を好きなだけ選ばせ、こっそり音の良い本も紛れ込ませておきます。**家に置いてあれば、やがて読んで聞かせる機会がくるでしょう。**

●●● 歌もひとつの読み聞かせ

ところで、絵本を読み聞かせるだけでなく、歌を歌ってあげることも、良い音を聞かせるという点で同様の効果があります。

日本の童謡には、歌詞が美しいものがたくさんあります。たとえば、「あめあめふれふれ」でおなじみの『あめふり』は、北原白秋の詩に後からメロディがついて歌になったものです。

もともとの詩にリズムがあり、さらにメロディがつくことで、音と抒情的イメージが申し分なく合致しています。

童謡は古臭いものと思われるかもしれませんが、親が歌ってくれる童謡は子どもの中にすっと入っていきます。

幼児向けの新しい歌もたくさんありますが、あえて『赤とんぼ』『ぞうさん』などなど、昔ながらの童謡をたくさん歌ってあげてください。車の中に童謡のCDを積んでおくなど、聞くチャンスを増やすといいでしょう。

また、「あめふり」に出てくる『じゃのめで　おむかい』の「じゃのめ」とは、言うまでもなく「蛇の目傘」のことですが、現代でほとんど使われなくなったこうした言葉は子どもの耳に響きます。

「じゃのめってなーに？」と聞いてきたら、しめたものです。実物を見せたり、今と昔では言葉の使い方が変わっていることなど、音を楽しみながら教えたりする機会になります。

昔の言葉という視点で言うと、「ひふみよ」に代表される大和言葉に起源を持つ言い回しなども、最近ではあまり使われなくなっています。日常生活であえて使い、教えてあげたいものです。

お気に入りを「めっちゃ読み」してあげよう

●●● 「またこれ〜?」と言わないで

読み聞かせを行っていると、子どもによっては、「これ読んで！」と同じ絵本をくり返しせがむという現象が起こります。「昨日も読んだでしょう？」どころか、「さっきも読んだでしょ!?」という「またこれ？」の1冊です。

この現象が起こったら、まず「しめた！」と思いましょう。

私も子どもの頃、母親にくり返しリクエストした1冊がありました。その1冊というのが、『古事記』でした。イザナギノミコトの国産みや、ヤマタノオロチ退治など神話系の話が好きで、ボロボロになった『古事記』の表紙がちぎれたのをおぼろげながら記憶しています。

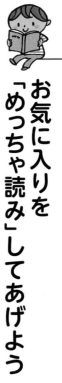

子どもはくり返し読み聞かせてもらううちに、絵本の音を暗記します。まだ字が読めない3歳くらいの子でも、親が一字読み間違えただけで「違うよ！」などと指摘してくることがあります。

おそらく、お母さんにくり返し読んでもらいながら、自分が覚えた音が合っているかどうかの確認作業に入っているのでしょう。そのために、何度も「読んで」とせがむわけです。

昔話やおとぎ話には、原話の残酷さを削除するなどしたことで、話に無理や矛盾が生じたり、違和感が残ったりしているものがあります。そういう部分も、子どもはくり返し読み聞かせてもらうことで確認しているのです。

●●● 暗記してしまう本が出たら、しめたもの

また、リズムが良くゴロも良い文だと、子どもがそのまま暗記してしまい、ふとしたときにセリフのようにそらんじたりすることがあります。

それは、子どもがその本に「ハマった」ということ。つまり、その本の音が子どもの中に「入った」ということです。

子どもが「これ読んで」と、何回も何回もくり返し持ってくる本が1冊でも出てきたら、読み聞かせがうまくいっていると思ってください。それが、読み聞かせの効果を見極める方法のひとつです。

これから読み聞かせをしていくにあたって、その1冊が出るように、よく子どもを観察しながら行ってください。

そうやって、「読んで」とせがむ1冊か2冊がたまたまできて、その本の音のセンスが良ければ、お子さんの日本語了解能力は大きく伸びます。

また、お子さんがまだ字を読めない場合にも、そこから識字まで最短距離です。子ども自身にもう音が入っているわけですから、その音を逆に当てはめて文字を見ます。**あらためて字を教えなくても、自然と読めるようになるのです。**

だから、子どもの「これ読んで」には、「めっちゃ読み」で対応しましょう。「とにかくたくさん読みまくる」ことです。これが基本です。

●●●「これ読んで」は「一緒に勉強しようよ」

毎日忙しい中に「絵本のめっちゃ読み」は、ラクではないでしょう。でも、こんなふうに考えてみてください。

子どもには、頭の調子の良いときと悪いときがあります。勉強ができるようになるコツの一つは、頭の調子の良いときをできるだけ引っ張れるようにすることです。

その時間は30分ほどで切れますし、15分ともたない子もいると思います。でも、5分以上続いたことを、5分で終わらせる必要はないのです。

頭の調子が良いから、子どもは「これ読んで」と言うのです。

「お母さん、絵本読んで」というのは、「お母さん、一緒にお勉強しようよ」と言っているのと同じです。それを「今日は忙しいからダメ」「あとで」と言ってしまっては、子どもの頭が良くなるチャンスをみすみす捨てているようなものです。

読み聞かせは何歳まででも続けてほしいと述べました。しかし、「いつまでも読み聞かせをしていると、いつまでたっても自分で読めるようにならないのでは」と心配される方がいます。それはまったくの杞憂です。

親が読み聞かせを行い、子どもに日本語了解能力が身についていけば、子どもは自然に自分で本を読むようになります。成長とともに、自然にミルクを飲まなくなり、オムツが外れるのと同じです。

それに、大きくなってから、「英文法教えて」「微分・積分がわからない」と言われるのに比べたら、読み聞かせはただ読めばいいだけ。はるかにラクです。

しかも、**絵本を読み聞かせるというスタイルは、子どもの勉強を親が見てあげるという関係性の相似形**です。大きくなってからも、親子で一緒に勉強に取り組みやすくなります。そのように考えると、子どもの熱烈なリクエストを受け、それにくり返し応えてあげることで、将来の教育費を大きく節約できているようなものです。いいえ、500万円ほど儲かっていることになるかもしれません。

本に興味を示さない子は紙芝居から入る

「箱」に入れるのがポイント

親が一番困るのが、「子どもがちゃんと聞いてくれない」というケースです。体を動かすのが好きで、本には関心を示さないという子はいますし、絵を描くのは好きだけど、読み聞かせには無関心という子もいます。

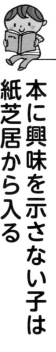

そういうとき、どうやって読書の世界に引き込むか。私がぜひオススメしたいのが紙芝居です。

子どもは総じて紙芝居が大好きです。紙芝居を入れるあの「箱」のようなものを用意して読み始めると、さっきまで騒いでいた子でもパッと集まってきて、おとなしく座って聞く態勢に入ります。そして、物語が進むにしたがって、ぐっと集中して聞き入ります。まず、これが大きなご利益です。

子どもが紙芝居を前にすると、異常なほど集中するのには、もうひとつ理由があります。それは音です。

紙芝居には、絵本のように文字は書いてありません。聞き手である子どもは、目では絵だけを見て、耳で音を聞いています。小さな子どもがそのような状態で聞いても、最初から最後までお話が理解できるような言葉で書かれているということです。

単に、**子どもにもわかる簡単な言葉を使っているだけではなく、音が良い言葉が使われている**のです。これが、紙芝居の最大のご利益です。

紙芝居の読み聞かせは保育所などでは日常的に行われていますが、ぜひ家庭でも取り入れて、子どもを本の世界へ引き込みましょう。じっとして聞くことに慣れて、絵本の読み聞かせにも興味を示し、やがて読書にもなじんできます。

読み方はト書きが教えてくれる

紙芝居で子どもを引きつけるコツを、プロの紙芝居屋さんに聞いてみました。紙芝居は、あの「箱」がとても重要なのだそうです。子どもを物語の世界へ引き込む舞台装置としての役割があるのでしょう。

家庭では購入するのが難しいですから、図書館を利用しましょう。図書館には、絵本や児童書コーナーの一角に、必ず紙芝居コーナーがあります。

私がよく足を運ぶ図書館には、靴を脱いであがれるスペースもあり、そこに紙芝居の「箱」が置いてあります。

そこで子どもたちが、互いに紙芝居を読み合っていることもあります。お母さんに何度も読んでもらって、もう覚えてしまった紙芝居を披露し合っているのでしょう。

このように、**友達と一緒に楽しめるのが、絵本とは異なる紙芝居の魅力**です。先の章で紹介した林修氏の例のように、自分が披露する側に立てる機会を作ってあげ

ることで、音読に親しませることができます。
　読み方は、もちろん「一音一音ハッキリ読み」です。
　そもそも紙芝居は、1枚読んだらそれを引き抜くことで、次の場面への集中を促しています。引き抜くタイミングはいろいろで、「すると……」と言いながら焦らすようにゆっくり抜く場合もあれば、「すると！」と一気に場面転換させる場合もあります。どう抜くかということは、ト書きに書いてあります。
　子どもを引きつけるための物語の展開は、すでに作品中で計算されているのですから、音は淡々と読めばいいのです。

また、紙を1枚抜いたら、必ず箱の中にしまうことも大事なのだそうです。面倒だからといって、横にポンと置いたり、床にバサッと落としたりすると、抜いた紙の行方が気になってしまい、子どもの集中が阻害されるのです。

常に子どもの神経を「箱」に集中させる環境を作ることで、紙芝居の効用が高まるということです。

最後に、音の良いオススメの紙芝居を紹介しておきます。

『ふるやのもり』水谷章三／脚本　金沢佑光／絵（童心社）
『ばけものでら』松谷みよ子／監修　水谷章三／脚本　宮本忠夫／絵（童心社）
『はなしのかばちゃん』堀尾青史／作　高橋透／画（童心社）
『ちいさなおばけ』瀬名恵子／作・画（教育画劇）
『ももたろう』香山美子／文　太賀正／画（教育画劇）

一気に紹介！「音の良い」オススメ絵本

●●● 年齢の区切りはひとつの基準

さて、いよいよ次ページから、ぜひお子さんに読み聞かせていただきたい「音の良い」絵本を紹介していきます。いずれも私が実際に声に出して読み、僭越ながら選ばせていただきました。

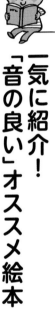

「1、2歳から」「3、4歳から」「5、6歳から」の3つの年代に分けています。ただ、子どもの成長はそれぞれで、本への関心度合いもそれぞれです。一概に年齢で区別するのは難しいものです。ここでは、便宜上このように分けましたが、お子さんの反応をよく見て、本を選んでいってください。

年齢にかかわらず、たとえ2歳でも「3、4歳から」の分類で紹介している本を試しに読み聞かせてみて、関心を示せば、どんどん読んであげましょう。

年齢に合う本を選んでも、子どもが拒否反応を示すようなら、その本は今ではなく、もっと大きくなってから与えるべき本なのかもしれません。

反対に、下の年齢に遡って読ませるのは、どのお子さんでも喜ぶと思います。5歳の子に1、2歳向けの絵本を読んでも、十分楽しめます。文字が少ないので、文をすべて覚えてしまうこともあります。

これまであまり読み聞かせをしてこなかったという方は、下の年齢の分類から始めて、徐々に実年齢に近い本へ移行していくといいでしょう。

すでに小学校へ上がっている場合でも、子どもが喜ぶならどんどん読み聞かせを行い、読書の楽しさを教えていきましょう。

読書量が足りないと感じるなら、これもまた下の年齢の本でも有効です。小学生が赤ちゃん向けの絵本まで戻るということはないと思いますが、小さい子向けの中にお気に入りができたら、読み聞かせの定番にしてあげましょう。

では早速、次ページから紹介する絵本をお子さんと一緒に眺めてください。子どもが「これ読んでみたい」と指さした本から、読み聞かせスタートです。

【絵本】
1、2歳から

赤ちゃんの頃から読み聞かせできる絵本。物語性は最小限に、短い文の中にギュッと言葉が凝縮されている。そのため、とても練り込まれて、リズムやゴロの良い文が多く、上の年齢の子が覚えて暗唱するのにも最適。同じ本をくり返し読んであげよう。

どんどこ　ももんちゃん
とよた かずひこ／作・絵
童心社　800 円

ももんちゃんが、走っていきます。川を渡って山を登って、どんどこどんどこ。音の繰り返しがとてもリズミカルで、子どもは大喜び。ももんちゃんシリーズは他にもたくさん。

おふとん かけたら
かがくい ひろし／作・絵
ブロンズ新社　850 円

タコやマメ、ソフトクリーム、トイレットペーパーにおふとんをかけたらどうなる？意外な展開に大受け。かがくい氏の本は他に『だるまさんが』『もくもくやかん』などオススメ多数。

わにわにのおふろ
小風 さち／文　山口 マオ／絵
福音館書店　900 円

おふろが大好きなワニのわにわに。お湯につかり、せっけんのあぶくをとばし、シャワーをマイクに「うりうりうりうりおーいえー」と歌います。他に『わにわにのごちそう』なども。

※本書に掲載されている書籍の価格はすべて本体価格（税別）です

おやおや、おやさい

石津 ちひろ／作　山村 浩二／絵

福音館書店 800 円

今日は野菜たちのマラソン大会。「かぼちゃのぼっちゃんかわにぼちゃん」など、韻を踏んだ言葉遊びが楽しい。他に『くだものだもの』『おかしなおかし』も。

タンタンのハンカチ

いわむら かずお／作・絵

偕成社　700 円

おまじないで、どんどん大きくなる赤いハンカチ。ネクタイから大きなマントまで、自由な発想が広がります。シリーズは他に『タンタンのずぼん』『タンタンのぼうし』

いっぱい　やさいさん

まど・みちお／文　斉藤 恭久／絵

至光社　1200 円

「きゅうりさんは、きゅうりさんなのがうれしいのね」と、野菜達が今の自分であることの素晴らしさを歌います。「きらきらびーずをいっぱいつけて」など、野菜の描写が繊細で美しい。

まんまるおつきさん

ねじめ 正一／作　さいとう しのぶ／絵

偕成社　700 円

黄色くてまんまるでおいしそうな月。おせんべ、メロンパン、めだまやきなど、次々に大好きな食べ物に見えてくるから不思議。子どもと月を見ながら、何に見えるか話してみたい。

あのやまこえて　どこいくの

ひろかわ さえこ／作・絵

アリス館　800円

ありさんありさんどこいくの、あのやまこえてこめつぶかいに…。七五調の文で、思わず口ずさみたくなる。さて、買ったものを何に使うのでしょう？意外な使われ方が楽しい。

コッコさんとあめふり

片山 健／作・絵

福音館書店　900円

毎日雨降り。てるてるぼうずを作っても、なかなかやまない雨にコッコさんは…。幼いなりに、いろいろ考えてみるコッコさん。他に『コッコさんのおみせ』『コッコさんのともだち』など。

すっぽんぽんのすけ

もとした いづみ／作　荒井 良二／絵

鈴木出版　1200円

お風呂上がりは裸が一番。「すっぽんぽんのすけ」の登場だ。忍者一味にさらわれたこねこのみいちゃんを助けに行くぞ！「ござんす」など、時代劇的な言い回しがおもしろい。

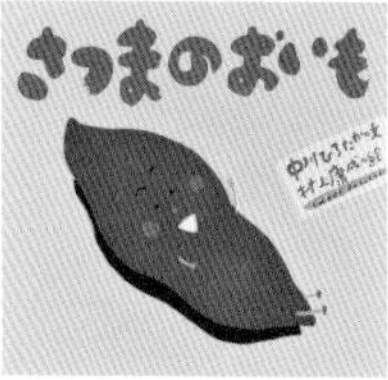

さつまのおいも

中川 ひろたか／文　村上 康成／絵

童心社　1300円

人間に食べられてばかりのおいもにだって、少しは考えもある。土の中で体をきたえ、さあ逆襲だ。人間と綱引きをするおいもたち。芋掘りの季節に大人気の絵本。

なにをたべてきたの？

岸田 衿子／文　長野 博一／絵

佼成出版社　1300円

食いしん坊の白ぶたくん。りんごを食べて赤色が、レモンを食べて黄色が、どんどん体についていきます。最後に石けんを食べたら…。詩人の岸田氏の文はどれも詩的な響き。

くろねこかあさん

東 君平／作・絵

福音館書店　900円

6匹の子どもを育てる黒猫かあさんは大奮闘。その様子を白と黒の色の対比を生かした絵で展開。「しろねこさんびき おちちをのんだ」といった七七調の文がリズミカル。

くいしんぼ　なめれおん

あきやま ただし／作・絵

佼成出版社　1300円

なめれおんくんは、なめたものの色に変わるカメレオン。いろんな食べ物をなめて、最後は何色に？言葉遊びが秀逸なあきやま氏の作品には他に『たまごにいちゃん』など。

おおきなかぶ

A・トルストイ／再話　佐藤 忠良／絵

内田 莉莎子／訳　福音館書店　900円

誰もが知っている話。「うんとこしょどっこいしょ それでもかぶはぬけません」と繰り返される言葉は子どもがそのまま覚えてしまう。訳者の内田氏の文章は洗練されている。

【絵本】
3、4歳から

もっとも種類が豊富。ページも文字も少なめで、ストーリーもシンプルなので、音に集中できる。5、6歳はもちろんのこと、小学生でも楽しめる作品ばかり。自分で読むスタートにも。好みも出てくる年頃、一緒に眺めて子どもに選ばせるといい。

かいじゅうたちのいるところ

モーリス・センダック／作・絵
じんぐう てるお／訳
冨山房　1400円

いたずらっ子マックスが叱られ放り込まれた寝室は、かいじゅうの国に。楽しく踊り遊んだ後やがて家が恋しくなり…。子どもの内面のドラマを描き、映画にもなったロングセラー。

すてきな三にんぐみ

トミー・アンゲラー／作・絵
今江 祥智／訳
偕成社　1200円

宝集めに夢中だった、黒マントに黒帽子の３人組の大盗賊。ひょんなことから孤児を集め、すてきなお城をプレゼント…。「あらわれでたのは」の出だしからカッコいい文章。

きぜつライオン

ねじめ 正一／詩　村上 康成／絵
教育画劇　1000円

ライオンはちょうちょが大好き。でも、すぐ飛んでいってしまう。あるとき背中にとまったちょうちょが逃げないよう、顔が真っ赤になるまで息をとめ…。一途な気持ちが伝わる。

かあさんになったあーちゃん

ねじめ 正一／作　長野 ヒデ子／絵
偕成社　1200円
お母さんの化粧道具でお化粧し、すっかりお母さんになりきってお出かけする女の子の話。詩人のねじめ氏の文章は、句点を打たずに流れるように続き、不思議と読みやすい。

くすのきだんちの　コンサート

武鹿 悦子／作　末崎 茂樹／絵
ひかりのくに　1200円
大きな楠の団地に住む動物たちの交流を描いたシリーズ。本書の嵐の表現「ひゅうごおーっ　べりべり　ばりっ」は素晴らしい。詩人の武鹿氏の文章は耳に心地良い。

ぽとんぽとんは なんのおと

神沢 利子／作　平山 英三／絵
福音館書店　900円
穴の中で冬ごもりする熊の親子。「ぽとんぽとんはなんのおと？」尋ねる坊やに、「つららのとけるおとよ」とお母さんが答え…。冬から春の移り変わりを、外から聞こえる音で描く。

そらまめくんのベッド

なかや みわ／作・絵
福音館書店　900円
そらまめくんの宝物はふわふわのベッド。だから誰にも貸してあげません。ところが、そのベッドが突然なくなってしまい…。愉快なそらまめくんの楽しいお話。

へんしんトンネル

あきやま ただし／作・絵

金の星社　1200円

かっぱが「かっぱかっぱ…」とつぶやきながらトンネルをくぐると、「……ぱっかぱっか」と馬になって出てきちゃいました。1歳児も小学生も、みんなハマる楽しい絵本。

どうぞのいす

香山 美子／作　柿本 幸造／絵

ひさかたチャイルド　1000円

うさぎさんが作った椅子をめぐって次々に繰り広げられる取りかえっこ。童謡『げんこつやまのたぬきさん』等の作詞家でもある香山氏の文章は、平易ですっと頭に入る。

たろうのひっこし

村山 桂子／作　堀内 誠一／絵

福音館書店　900円

たろうはお母さんから古いじゅうたんをもらい、自分の部屋を作ることに。そこへ動物たちがやってきて…。子どもの遊びの想像が広がる絵本。他に『たろうのばけつ』など。

11ぴきのねこ

馬場 のぼる／作・絵

こぐま社　1200円

11ぴきののらねこたちは、いつもおなかぺこぺこ。ある日、湖で大きな魚を生け捕りにしますが…。あっと驚くどんでん返し。他に『11ぴきのねことあほうどり』など。

ジオジオのかんむり

岸田 衿子／作　中谷 千代子／絵

福音館書店　900 円

ジオジオはライオンの王様。でも、ひとりぼっちでした。そこへ小鳥が現れ、王様の冠の中に巣を作ることに…。年老いたライオンと小鳥との心の交流をやさしい文章で描く。

ラチとらいおん

マレーク・ベロニカ／文・絵

徳永 康元／訳

福音館書店　1100 円

いつも弱虫のラチが、マスコットライオンの助けを借りて勇敢な子どもになっていく。世界中で長く読み継がれている絵本。

ぼちぼちいこか

マイク・セイラー／作　ロバート・グロスマン／絵

今江 祥智／訳

偕成社　1200 円

重量級のカバくんは、船乗り、飛行士、ピアニストと新しい仕事に挑戦するものの、その重さのせいで失敗続き。「なれへんかったんわ」などの関西弁が子どものブームに!?

おばけの花見

内田 麟太郎／作　山本 孝／絵

岩崎書店　1300 円

今日は「おばけ長屋」のおばけたちの花見。ろくろ首のあねさんのつまびく三味線にみんなうっとり。ところが一天にわかにかき曇り…。歯切れの良い言い回しが効いている。

とん ことり

筒井 頼子／作　林 明子／絵

福音館書店　900円

山の見える町に越してきたかなえ。友達がいなくてつまらない彼女の元に、不思議な“郵便”が「とん ことり」と届けられ…。新しい出会いを感動的に描く。

グリーンマントのピーマンマン

さくら ともこ／作　中村 景児／絵

岩崎書店　1300円

嫌われ者のピーマンがヒーローになって大活躍。子どもの好き嫌いをなくしてくれるお話。リズムの良い文章。他に『ピーマンマンとよふかし大まおう』など。

ゴムあたまポンたろう

長 新太／作・絵

童心社　1300円

山にポンとぶつかって、ボールのように空をとぶゴムあたまポンたろうのふしぎな世界一周の旅。頭がゴムという奇想天外の発想に、想像力が刺激される。

したきりすずめ

石井 桃子／再話　赤羽 末吉／絵

福音館書店　1500円

代表的な日本の昔話を、児童文学の第一人者の石井氏が再話。「ぴんがぴんが」など、独特の言い回しがおもしろいが、文体は民話調でなく普通の現代文で読みやすい。

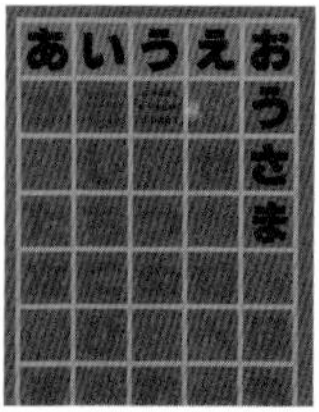

あいうえおうさま

寺村 輝夫／文　和歌山 静子／絵
杉浦 範茂／デザイン
理論社　1200 円

「あいうえおうさま あさのあいさつ。あくびをあんぐり あああはよう」50 音にすべてゴロの良い文章が。おうさまの脱力してしまうお話がたくさん。ひらがなを覚えるのにも最適。

てぶくろ

エウゲーニー・M・ラチョフ／絵
内田 莉莎子／訳
福音館書店　1000 円

雪の上に落ちていた手袋にネズミが住みこみました。そこへ、ウサギやクマが次々やってきて…。ぴょんぴょんうさぎ、のっそりぐまなど、動物の形容が工夫されている。

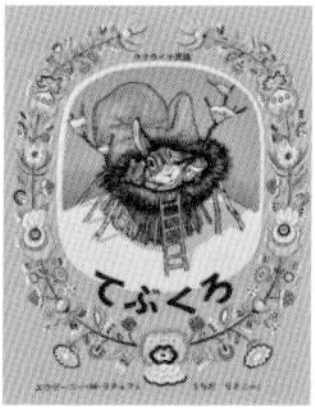

おまえ うまそうだな

宮西 達也／作・絵
ポプラ社　1200 円

アンキロサウルスの赤ちゃんを見つけたティラノサウルス。「おまえうまそうだな」と近づくと、なぜかお父さんに間違われ…。やがて来る別れの日。親が読んでいて目頭が熱くなる。

だってだってのおばあさん

佐野 洋子／作・絵
フレーベル館　1200 円

「だって私はおばあさんだもの」が口ぐせのおばあさん。99 歳の誕生日にろうそくが 5 本しかなく、5 歳になることに。だって私は 5 歳、川を飛び越えるのも魚釣りだってできる！

きんようびはいつも

ダン・ヤッカリーノ／作・絵
青山 南／訳
ほるぷ出版　1400円

金曜日は、ぼくとパパの特別な日。朝から二人で散歩し、朝食をとりながらおしゃべり…。親子のささやかで大切な行事。エッセイストの青山氏の訳文は非常に練られている。

お化け屋敷へようこそ

川端 誠／作
BL出版　1300円

お化け屋敷と言われる屋敷に、少年4人が探検に。ところが、そこは本当のお化け屋敷で…。ろくろ首や大入道など、おばけたちがユーモラス。川端氏は落語絵本で人気。

せなかがかゆいの

浅沼 とおる／作・絵
鈴木出版 1100円

蚊に刺されて背中がかゆい、かもめのはちろう。手が届かないので、体の柔らかいタコのたこきちに掻いてもらいます。すると、飛び魚やウミガメも、掻いてほしいとやってきて…。

ねこのけいさん
浅沼 とおる／作・絵
フレーベル館　1000円
腹ぺこのネコたちが、魚釣りに行くネズミを発見。「待て、つかまえるな。ネズミが魚を釣ってきてからだ」。今日の晩ご飯はネズミ1匹に魚何匹？ ネコたちは皮算用するが…。

きょだいな きょだいな
長谷川 摂子／作　降矢 なな／絵
福音館書店　900円
「あったとさあったとさ…巨大なピアノがあったとさ」巨大なピアノ、巨大な石けん、巨大な扇風機などで百人の子どもが思いきり遊びます。歌のようなリズムある言葉が楽しい。

せとうちたいこさん
パーティーいきタイ
長野 ヒデ子／作・絵
童心社　1300円
なんでもやってみたいタイの「せとうちたいこさん」シリーズ。美容院でおめかししたら、パーティーに出てみたくなり、披露宴会場へ…。リズミカルな文章で楽しいお話。

【絵本】

5、6歳から

文章が長く、話の内容も小学生が主人公だったりする、大きい子向けの絵本。読み聞かせで集中力を鍛えられる。もちろん下の年齢の子でも、興味を持ったら読んであげたい。この段階の本が難しそうだったら、「3、4歳から」に戻ってみる。

アベコベさん

フランセスカ・サイモン／文
ケレン・ラドロー／絵
青山 南／訳
文化出版局　1400円

すべてが逆さまなアベコベさん一家。真夜中に起きたらパジャマに着替え、2階の寝室で朝ごはん…。笑えるナンセンス絵本。青山氏の訳文がいい。

ろくべえまってろよ

灰谷健次郎／作　長 新太／絵
文研出版　1300円

犬のろくべえが深い穴の中に落ちてしまった。早く助け出さないと死んでしまう！子どもたちは救出大作戦に…。『太陽の子』『兎の眼』の灰谷氏の絵本。

ふとんやまトンネル

那須 正幹／作　長野 ヒデ子／絵
童心社　1300円

ケンちゃんは、ふとんにもぐるのが大好き。ふとんのトンネルをずっともぐっていくと、そこには野原が…。ふとんにもぐって遊びたくなる。『ズッコケ三人組』の那須氏の楽しいお話。

手ぶくろを買いに

新美 南吉／作　黒井 健／絵

偕成社　1400 円

新美南吉の傑作童話。「枝と枝の間から白い絹絲のように雪がこぼれ」など、雪景色の描写が素晴らしい。こういう文章をたくさん読み聞かせてあげたい。

ちいさいおうち

バージニア・リー・バートン／作・絵

石井 桃子／訳

岩波書店　800 円

静かな田舎に立つ、ちいさいおうち。周りに工場が立ち、賑やかな町になるにつれ、美しい景色は消えていき…。石井氏の名訳文が光るロングセラー。

かさじぞう

瀬田 貞二／再話　赤羽 末吉／画

福音館書店　900 円

おなじみの昔話。「～だったと」で終わる文末がリズム良く、昔話的雰囲気をかもし出している。作者は翻訳も多く、『指輪物語』や『ナルニア国ものがたり』が有名。

ぶたぶたくんのおかいもの

土方 久功／作・絵

福音館書店　900 円

1 人でおつかいに行った、ぶたぶたくん。途中でお友達に会い、歌を歌いながら楽しくお買い物をします。独特の言葉遣いと個性的な色彩の絵がおもしろい本。

わがままいもうと

ねじめ 正一／文　村上 康成／絵

教育画劇　1000円

「アイスクリームが食べたい」という病気の妹は、どんどんわがままになっていって…。妹のために、お兄ちゃんは汗をかきかき大奮走。がんばれ！と応援してしまう楽しい1冊。

おばけリンゴ

ヤーノシュ／作・絵　矢川 澄子／訳

福音館書店　1200円

初めて実がなったリンゴの木。けれど、あまりに大きすぎ…。ユーモア漂う物語。「きのははつやつやみどりいろ」など、詩人である矢川氏の訳文は鮮やかで美しい。

100万回生きたねこ

佐野 洋子／文・絵

講談社　1400円

100万回死んで、100万回生まれ変わったとらねこ。自分しか愛さず悲しみも知らなかった彼が、はじめて1匹の白いねこを愛し…。じっくり読み聞かせたい、胸に浸み入る物語。

おばけのがっこうへきてください

さくら ともこ／作　いもと ようこ／絵

岩崎書店　1300円

運動が苦手で、引っ込み思案。みんなから「よわし」と呼ばれる、つよし君。そのひ弱さが良いと、おばけから、おばけ学校の先生にスカウトされ…。成長の物語。

かたあしのひよこ

水谷 章三／作　いとう ひろし／絵

ほるぷ出版　1450円

金の足を持つひよこ。欲張りな王様に片足をとられてしまう。大きくなり、王様の城へ取り戻しに出かける。スペイン民話。紙芝居で活躍する水谷氏の文章は「良い音」の代表。

となりのせきのますだくん

武田 美穂／作・絵

ポプラ社　1200円

いつもいじめてくる隣の席のますだくんが苦手な、みほちゃん。でもますだくんの本当の気持ちは…。小学生ならみな共感するお話。マンガ的イラストと手書きの文字に味がある。

こんとあき

林 明子／作・絵

福音館書店　1300円

こんは、おばあちゃんが作ったキツネのぬいぐるみ。ある日仲良しのあきと2人で、おばあちゃんに会いに行くことに…。幼い子の心をすくい取る瑞々しい文章と絵。

あらしのよるに

木村 裕一／作　あべ 弘士／絵
講談社　1000円

嵐の夜、ヤギとオオカミが逃げ込んだ小さな小屋。真っ暗闇の中、普段は食う食われるの関係の両者が、相手の正体を知らないまま言葉を交わし、友情を感じて…。

注文の多い料理店

宮沢 賢治／作　スズキ コージ／絵
三起商行（ミキハウス）　1500円

言わずと知れた、賢治童話の不朽の名作。どんどん衣服を脱がされていく不思議かつスリリングな展開は、小さい子でも引きつけられる。挿絵も雰囲気がある。

葉っぱのフレディ
いのちの旅

レオ・バスカーリア／作
みらい なな／訳
島田 光雄／画　童話屋　1500円

春に生まれた葉っぱのフレディ。夏にはよく働き成長し、秋には紅葉し、冬には死ぬけれど、また春に生まれるという、命の循環を描く。米国の著名な哲学者が残した絵本。

第3章

本を読まずにはいられない「環境」をつくる

読書は習慣。習慣づけは親の役目です

ユダヤ人の家庭教育の秘密

さて、これまでのお話で、学力向上における読書の重要性、読み聞かせに適した「音の良い本」とは何かということが、おわかりいただけたと思います。次は、どう実践していくかです。

本を読む子に育つか、それとも、本など見向きもしない子になるか……。すべては家庭内の環境設定にかかっています。

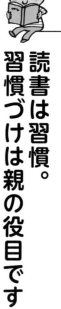

ここで、大いにヒントになるのがユダヤ式の教育法です。

ユダヤ人は頭が良い。そういうイメージを持っている方は多いと思います。その

頭の良さというのは、単に勉強ができるというのではなく、ひらめきや発想力に秀でているというイメージです。実際、全米の上位高校では、成績上位者の多くをユダヤ系の子が占めていて、世界中を見渡してもユダヤ系の人たちはとても優秀です。

一般の家庭で、どういう教育が行われているのでしょう。実は、ユダヤ人が子どもの教育に関して、もっとも大切にしているのが「本をたくさんあげよう」「本でいっぱいの本棚を見せよう」ということなのです。

家庭のリビングに本でいっぱいの本棚がある環境で育つことで、子どもの知的好奇心が刺激され、自然に読書の世界へと入っていきます。「させる」「与える」のではなく、自発的にそうなるように「引き出す」教育法です。

子どもがいつでも読める環境にあり、親子で一緒に楽しむこともできるわけです。おのずと、子どもは本をたくさん読むようになるでしょう。そして、賢くなっていくのです。

●●●「本があるのが当たり前」な環境を

物理的な意味でも心理的な意味でも、家庭の中に「本があるのが当たり前」という状況を作ること。これに尽きます。

物理的な意味というのは、目につくところにいつも本があるということです。リビングに本棚があり、そこに家族みんなが利用する本や、各々が頻繁に手に取る本が飾られている。子ども部屋があるなら、そこにも当然、本棚がある。キッチンやダイニングテーブルのそばに本棚があってもいいかもしれません。

そうした環境があると、親も本を手に取りやすく、日常的に本を読む姿を子どもに見せることができます。すると、子どもも本を読んでみようという気持ちになります。

子どもが小さいうちはまだ難しいかもしれませんが、親子で本が話題に上ることも出てくるでしょう。

心理的な意味というのは、このように生活の中にいつも読書という行為が存在し、家族で共有できているということです。つまり、いかにして**本や読書を身近に感じさせることができるか**を考えていただきたいのです。

親が本を読む姿を子どもに見せる

ある家庭でのことです。共に本好きで、本だけは捨てられないという夫婦がいました。リビングは言うまでもなく、廊下やトイレまで、本棚だらけでした。

夫婦は、家に人を呼ぶのが好きで、週末となれば古くからの友人が訪れ、みんながよく本を借りていきました。借りたものを返しにくるので、また人が集まり、決して広くないその家のダイニングテーブルでは、しょっちゅう本談義が行われていたのです。その様子を見て育った娘さんは、言うまでもなく本好きになりました。

というよりも、本があるのは当たり前で、生活の一部でした。知的好奇心の高い子は、勉強しなさいと口うるさく言わなくても、自分から勉強するようになりますが、それと同じです。

誤解されないようにつけ加えておくと、この夫婦はドストエフスキー作品を全作二度読みしているとか、源氏物語を読破しているというような、高尚な読書傾向にあったわけではありません。国内外の人気ミステリーなど、ごく一般的な本を読んでいました。友達もみんなそうでした。

でも、**大人たちが本について夢中で話すのを見て、娘さんは本が素晴らしいものだと「洗脳」されたの**です。

この手法を、ご家庭で取り入れることをお勧めします。家中本だらけにしろというのではなく、芝居を打つという意味です。本を読んでいる姿を見せたり、夫婦で本について話したりして、読書という途方もなく楽しい世界があって、将来得するよということを生活の中で感じさせていくのです。

我々はたいした大人ではないかもしれませんが、子どもの前ではより良い母親、父親を演じることはできるのです。

一日の中で「本を読む時間」を決める

テレビやゲームをできるだけ排除

そこで大敵となるのが、テレビやゲーム、スマホです。これらはできるだけ、物理的にも心理的にも子どもから遠ざけたいものです。ですが、子どもが一度こうしたものを知った後に、親御さんが排除しようとしても簡単にはいきません。

なので、その前に本を読むという環境設定が大事なのです。

私は、不登校の子を持つ親御さんの相談に乗ることもあります。その経験から言えるのですが、不登校の子は総じて大変な読書家です。このことが、何を指しているかわかるでしょうか。

人は、時間を持て余し、やることに困ったら本を読むということです。

不登校の子どもは、自室でゲームやパソコンばかりやっているという先入観をお持ちの方は多いと思います。もちろん、現代っ子はモノで満たされていますから、そうしたモノで過ごす時間もあるでしょう。

しかし、やがて飽きるのです。そして、本の世界でさまざまなことを知り、学ぶ楽しさを覚え、自分を見つめ直します。学校には少々行きそびれたかもしれませんが、実はその期間に生きる力を養っているとも言えます。

現代において子育てをしている方々に、子どもにテレビを見せるなと言っても難しいでしょう。親の方がテレビやゲーム、スマホに夢中ということもあります。ですが、親もすべて遮断する必要はなく、できるだけ子どもの前ではやらないようにすればいいのです。これも芝居です。

●●● 家事で忙しく相手をできないときは

「子どもに機嫌良く出かけてほしいので、朝はどうしてもテレビを見せてしまう」

「夕方帰宅後、夕食作りや家事をする間、まとわりつかれると何もできないので、ゲームを許しがち」

という声をよく聞きます。

それもわからなくはありません。テレビもゲームも、与えておけば子どもは静かにしていてくれますからね。

ただ、テレビやゲームに子守を頼りきってしまうと、子どもはその習慣から抜けられなくなります。テレビもゲームも刺激的に作られていますから、本など見向きもしなくなってしまうでしょう。

だからこそ環境設定で、うまく本に触れさせる工夫をしていく必要があります。

手がふさがって読み聞かせができないときは、「○○ちゃん、お母さんに読んで聞かせて」という手があります。あるいはそばに絵本を持ってこさせ、子どもにページを開かせて、家事をしながら読み聞かせる荒技もアリでしょう。

一人で遊ぶのは10分が限界という場合は、読書とはずれますが、家事のお手伝いをさせるのもいいでしょう。子ども用のキッチン道具を用意して、「これ切ってみる？」とキュウリやニンジンに挑戦させてみます。野菜に触れることで理科への興味が高まりますし、野菜の切断面に関心が及べば算数の立体図形を学ぶ際の予習になります。台所は理科や数学の勉強にうってつけなのです。

夕食作りの時間、パズルで遊ばせることで、子どもをぐんぐん伸ばしている親御さんがいます。夕飯前は、ピアノの練習タイムと決め、実践させている方もいます。

小学生のお子さんの成績を上げたいという親御さんに、私はよく、「学校から帰ったらすぐ宿題」を習慣づけなさいと言います。つまり、「この時間はこれをやる」というルールがベースにあると、子どもに良い習慣がつきやすくなるのです。

●●●寝る前の時間を読書タイムに

一日の中で「本を読む時間」を設定します。一番良いのは、寝る前です。

寝る直前に頭に入った情報を、脳の海馬が睡眠中に処理し、知識が定着すると言われています。ですから、寝る前の読み聞かせは、子どもの日本語了解能力を高め、頭を良くするうえでとても有効なのです。

保育所でも、お昼寝の前に読み聞かせをしたり、子ども自身に本を読ませたりするところが多いと聞きます。

この理由のひとつは、本を読むことで、テンションを落ち着かせ、眠りに入りやすくすること。もうひとつは、「本を読む」→「寝る」という習慣が当たり前になると、子どもが自然に本好きになるからだと言います。

「読んだら」→「寝る」がインプットされることで、自宅でも同じようにでき、寝る前の読み聞かせを実践しやすくなる助けにもなっているのです。

お母さんに添い寝してもらい、お母さんが読み聞かせをする声を聞きながら、眠りに落ちるというのが、子どもの頭を良くするだけでなく、情操の安定も図ります。お母さんが先に眠りに落ちてしまっても、それはそれで子どもの安心感を満たします。

本は惜しまずどんどん買おう

●●●「本なら買ってもらえる」と思わせる

本を身近なものとして日常の中に根づかせるため、できる限りたくさん子どもに本を買いましょう。ただ、せっかく本がたくさん家にあっても、子どもがそれを親からの押しつけと感じるのでは、本の価値は半減以下です。買い与えるタイミングをうまく設定しましょう。

たとえば、たまたま子どもが書店で1冊の電車の本をほしがったとき、その1冊だけを買うのではなく、電車関連の他の本もごそっと大量購入してみせます。

たくさん買ってもらえると子どもはうれしいので、本好きになります。そして、「なんだかわからないけど、本はたくさん買ってもらえる」と思い込ませておけば、自分から本をねだるようになり、まさに親の思うツボです。

その際、「これもおもしろそうじゃない？」などと子どもに尋ねながら選択していきます。子どものことをよく観察している親御さんは、わが子が本当に電車が好きなのか、今日は気まぐれに電車と言ったけど、本当は恐竜が一番好きなのかがわかっています。

気まぐれ本の中に、そういう子どもの本気本も入れておけば、買ってもムダにはならないので、気がラクです。「お母さんも買おうっと」と、自分の本を紛れ込ませて、大量購入の演出をさらに確かにしていただきたいものです。

●●● 祖父母からのプレゼントは本と決める

ある専業主婦の方は、遠方の同窓会へ出席するため、3歳の娘さんを実家に預けることにしました。朝からずっとお母さんと離れていることなどなかったので、娘さんは心細がりました。それを見越したお母さんがおみやげに選んだのが、娘さんが好きなシリーズ絵本のうちの1冊でした。

お母さんが同窓会に行けば絵本がもらえるとインプットされた娘さんは、翌日から「お母さん、どーそーかい行かないの？」が口癖になったと言います。それから、お母さんは、ちょっとした用事の際もわざと実家へ預け、絵本を買い与えるチャンスにし、子どもを本好きにしていったそうです。

このように、本のプレゼント効果を最大限に利用し、子どもが本を買ってくれるのを心待ちにするような機会を演出していきましょう。

周囲の協力体制も重要です。孫に甘く、何でも買い与えたがる祖父母には、とくに協力を要請して「プレゼントは本」と決めて、我慢してもらいましょう。「おじいちゃん、おばあちゃんはいつも本をプレゼントしてくれる」と思い込ませるのです。**「オモチャやお菓子はいくらダダをこねてもダメだけど、本だけはいつでも機嫌良く買ってくれる人がいる」**というのも、子どもと本を近づける良い方法です。

知り合いの編集者は、母親の本好きな親友から定期的に絵本をプレゼントされていたと言います。その方は親友の娘さんを親戚の子のように思っていたのでしょう。非常に本好きで、その子の年齢にジャストなものを、いつも選んでくれていたそうです。

そのプレゼントのおかげで、娘さんはいつでも本を読める状態にありました。どんどん本好きになり、めきめきと国語が得意になり、大人になったとき自分が就きたい仕事に就くことができました。

このように本のプレゼントとは、一人の人間の人生を豊かに変えていくほどの大きな力があります。

よく「あの1冊で人生が変わった」と言う人もいます。それほどに本の力は偉大なのです。小さな子どもに与えるインパクトは計り知れません。だからこそ、本を与えるときのタイミングをうまく図って、インパクトの最大効果を狙うべきなのです。

●●● 古本屋も有効活用

本の購入には、古本屋をうまく利用しましょう。大手チェーンは種類が豊富です。**ネット書店の中古本は、ピンポイントで手に入れたいものを検索できるので便利です。**

子どもが気に入らなかった本や、すぐに飽きてしまった本も、買い取りシステムがあるので、手軽にリサイクルさせることができます。最近は、フリーマーケットも身近になっていますから、そういう場で子ども向けの本の交換を行うのもいいでしょう。

ずっと取っておきたい大切な本は書店で購入し、子どもの成長に合わせてそのときどきで買い求める必要がある本は古本でという具合に、分けて考えてもいいと思います。いろんな手を尽くして、多種多様な本を置く環境設定を行ってください。

図書館でごそっと本を借りてくる

「家にたくさんある」状態がいい

いかに本が安価とは言え、何十冊も一度に買えば何万円にもなってしまいます。また、すべての本を子どもが気に入るとは限らず、1回読んだだけ、あるいはまったく見向きもされない本も出てくるでしょう。

そんなとき、図書館で「とにかくたくさん借りまくる」のがいいのです。

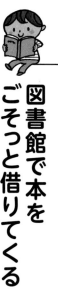

上位私立中学校に合格したある女の子のお母さんは、子どもが小さい頃、**リビングに絵本コーナーを設け、図書館から借りてきた本を常に20冊くらい並べていました。**

毎晩その絵本コーナーの前で、「今日はどれがいい？」と選ばせます。子どもが手に取った2、3冊を持って、寝室へ向かうということを毎日行っていたと言います。

この「選ばせる」というのは、とても憎い演出です。子どもは自分が好きなものを選んだ満足感を得ることができ、しかも、寝る前にお母さんに読み聞かせてもらえるのですから、寝る前の読書が大好きになります。

小学校に上がる頃には、幼年童話を片っ端から読むようになり、読書に裏づけられた学力のおかげで、志望校に合格することができたのです。

リビングや子ども部屋に、図書館で借りた本を置くスペースを作るのも一法です。たくさん借りてきた本の中でお気に入りができたら、借り直してもいいし、ここで初めて購入することにしてもいいでしょう。

買うわけではないから、「これはウケないかも……」という本も、あえて借りてくることができます。そんな中で、意外と子どもがハマる本が出てきたりするのです。

●●● 意外に知られていない便利システム

図書館は使い慣れてしまえば、利用価値は相当のものです。

最近は、蔵書数の充実を図るだけでなく、施設作りに重点をおいた図書館が増えています。カビ臭い書架のイメージは払しょくされ、キッズスペースや喫茶コーナーなど、魅力的な場として変貌を遂げつつあります。

インターネットで蔵書の有無、貸出状況をあらかじめ確認しておけば、「せっかく足を運んだのに、ほしかった本がなかった（借りられていた）」ということがなくなります。ひとつの市区にはたいてい複数の図書館がありますが、**予約をすれば最寄りの図書館に本を取り寄せることができます**。返却も、一括で大丈夫です。

さらに、図書館の司書さんはとても頼りがいがあります。たとえば「妖怪の出てくる怖い本を探しているのだけれど……」などと曖昧な尋ね方をしても、いろいろな本を見つけ出してきてくれます。

また、図書カードを作れる図書館は、住んでいる地域に限りません。近隣の市区であれば、たいてい可能です。通うことができるなら、ぜひ隣りの市区の図書館にも足を伸ばしてみてください。

リビングに絵本コーナーを設けていた先ほどのお母さんも、子どもが飽きないよう、地元と隣りの市の図書館を股にかけて借り出していました。

私の知り合いの世田谷区在住者は、調布市、三鷹市まで足を伸ばし、3つの市区の図書館を使い倒しています。人気の本や新刊はすぐ貸し出されてしまうので、あちこち巡って借りているのでしょう。

●●● 大人向けの棚にも手を伸ばしてみる

本に慣れてくると、子どもがやたらと読みたがる種類のものが出てきます。

たとえば、おばけのお話が大好きな、ある6歳の男の子。そのなかでも、がいこつのおばけが好きで、がいこつが出てくる絵本ばかり見ているうちに、だんだん

「骨」に興味を持つようになりました。

図書館に行っても、絵本では飽きたらず、小学生向けの骨の図鑑などを片っ端から借りるように。あらかた借り尽くした後は、大人向けの棚にも手を伸ばし、専門書まで借りるようになったと言います。今ではすっかり骨博士で、写真を見ただけで「これは肋骨」「ゾウの骨」などと即答するとか。

子どもだからといって、子ども向けの本しか読んではいけないということはありません。関心を持っている分野の書棚へ行き、大人向けの本格的な本をどんどん見せてあげましょう。

文章は読めなくても、写真や図、イラストを眺めているだけで、子どもは楽しみを見つけ出します。**「大人向けの本なんて、見てもわからない」と決めつけず、子どもの知的好奇心を大いに刺激してください。**

また、こういう経験がベースになって、理科、生物、生命、環境……というように、自分で本が読めるようになったときの読書の守備範囲が広がっていくのです。

難解な専門書は高価ですから、借りるに限ります。また、そのような本は借りる人も少ないので、少々貸出期間を延長しても大丈夫なのがいい点です。

図書館で一度楽しみを見つけると、子どもにとって図書館が魅力的な空間として認識されます。「またあの大きな図書館に行こうよ」と子どもが自分から言うようになれば、しめたものです。ぜひそうなるように、親御さんは休日に家族で図書館へ出かけるなど、図書館通いを楽しいイベントとして日常に組み込んでください。

この誘導作戦で、本を読まずにいられなくなる！

●●●「ラノベ読破」で進学校へ行った子

ここで、意外な方法で読書習慣を身につけた、当時小6の男の子の話をしたいと思います。

その子は、シングルマザーに育てられていました。一人で過ごす時間が多いこともあり、お母さんは「好きなように使いなさい」と、毎日、200円のお小遣いを渡していました。

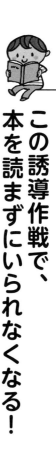

彼は、お小遣いでまず菓子パンを買います。そして、その残りで古本屋の100円コーナーでライトノベルを買い、毎日1冊ずつ読んでいったのです。

毎日、読書をするという習慣がすっかり身についた彼はどんどん本好きになり、

14歳になるまでそれほど熱心に勉強していませんでしたが、いざ高校受験となると底力を発揮し、進学校へ合格しました。

ライトノベル＝軽い文体の小説でさくさく読めるとは言え、1日1冊とは相当な読書量です。また、軽い文体だからこそよく練られており、「良い音」の本も多々あったのではないかと思います。

この例からもわかるように、習慣づけのためなら、最初はどんな本でもいいのです。

書店や図書館で子どもが選んだ本を見て、「それ、やめたら？」「こっちにしなさいよ」と、つい押しつけてしまうことがあると思います。

「良い本をたくさん読んでほしい」「どうせなら名作と言われる本を」「読み応えのある文学作品を」という親心なのですが、子どもを本好きにするという大目的からすると、うまいやり方ではないですね。

親の趣味に合わないものでも、いったんは許容するというスタンスでいるのが、子どもに読書習慣をつける賢い方法です。

●●● 読書する友達を「すごいね」と褒める

とにもかくにも、親はあらゆる手を尽くして、10歳までに子どもを本好きにしていきましょう。そのために、子どもをうまく誘導していってください。

都内の電車内では、私立上位小学校の制服を着ている子は、たいてい一心不乱に本を読んでいます。そういう光景に出会ったら、「あの子、何読んでるんだろうね」「分厚い本だね、すごい」と言って、気づかせてみます。

最近は、子どもが2、3人集まるとみんなで黙ってゲームをやるのが当たり前のようですが、ときどき図書館や書店で、一緒に本を眺めている様子を目にすることがあります。その場合も、「何を探してるんだろうね」と、子どもに問いかけてみます。

子どものちょっとしたライバル心を刺激するのです。

でも、一番効果的なのは、本を読んでいる子どもの友達をあからさまに「すごいね」と褒めることです。子どもにとって、自分のお母さんが友達を褒めるのは、ジェラシー以外の何ものでもありません。

「お母さんが褒めてくれるなら、自分も読もう」と思わせ、どんどん褒めてあげるといいのです。

要は**親のひと言で、子どもは変わる**のです。

●●●「今、この子の関心は何か」を常に観察

自分があまり本を読んでこなかった親御さんや、現在もあまり読まない親御さんは、自分自身が本の楽しみやありがたさを実感していないため、子どもをうまく誘導する方法がわからないかもしれません。でも、「本を読みなさい」と命令し、適当に本を与えるだけでは、子どもは読もうとしません。

ポイントになるのは、「今、この子の関心は何か」を常に観察していく姿勢です。

知り合いの保育士は、家庭で本を読み聞かせてもらっているかどうかは、すぐにわかると言っていました。「集中力がまったく違う」のだそうです。紙芝居や本の読み聞かせを行うと、すっと世界に入ってくる子と、興味を見せず食いつきが悪い子がいます。

そこで、食いつきが悪い子の親御さんには、「〇〇ちゃんは、今、この絵本を読んでいますよ」「こういうのが好きみたいですよ」と、教えてあげると言います。そして、「一緒に読むと楽しいですよ」と提案するのだそうです。

読み聞かせが苦手なあるお母さんは、そのときはたと気づき、その夜「一緒に読もうか」と言ってみたそうです。すると、それまで読み聞かせに関心を示さなかった息子が、喜んでそばにちょこんと座るようになったのです。それ以降徐々に、保育所での読み聞かせに対する食いつきも変わったと言います。

このように、「子どもを本の世界に引きずり込むそのひと言」を絶好のタイミングでくり出せれば、子どもはみんな本好きになります。

きっかけが見つからない場合は、園や学校の先生に尋ねてみるのもいいし、友達の家にはどんな本があるのか、ママ友に聞いてみるのもいいでしょう。そこで得た情報をもとに、誘導作戦を展開していきましょう。

第4章

自分から どんどん読書する 子になる方法

自分で本を読めるようになるには段階がある

●●● 赤ちゃんでも「読書」をします

子どもが本と出会うのは、まずは「読み聞かせ」です。その後、自分で読む「一人読み」へ、読書へと移行していきます。

読み聞かせとは、聞く側はじっと座って耳を傾けていればいい、言ってみれば受け身的なものです。一方、自分で文字を追って読書するのは、能動的な行為です。また、読み聞かせのように、読んでくれる人とのコミュニケーションがあるわけでもない、自分一人に閉じた世界です。

読書を楽しめるようになるには、読み聞かせとはまた別に、本に親しむ経験を積んでおきたいところです。

それには、読み聞かせをしていないときも、子どもが本を「眺めている」時間を積極的に作ることです。

実は、赤ちゃんも「読書」をします。もちろん文字が読めているわけではありませんが、自分で本を開き、ページをめくり、そこにある絵をじっと眺めている。もしかしたら、読んでもらった文章を頭の中で再生しているのかもしれません。

こういう時間こそ大切なのです。本を眺め、その世界を楽しむ。本がおもちゃ代わりなのです。

本が大好きな子だと、字が読めないうちから、放っておいても30分くらい一人で本を眺めていることがあります。次々に本棚から本を取り出し、何冊もページを開いていたりします。そうする中で、文字を自然と覚えていく子もいます。

そのためにも、家にたくさん本がある環境が重要なのです。図書館や本屋にもどんどん連れていきたいものです。

本に触れた経験があればあるほど、読書家への道は近づいてきます。

●●● 「文字がわかるから読める」わけではない

さて、文字が読めるようになったら、自分で本が読めるようになるわけですが、一足飛びでそこにたどり着けるわけではありません。

「もうひらがなが読めるのに、子どもが本を読んでと言ってくる。自分で読みなさいと言っても、読めないと言う。これは甘え？　自分で読む訓練をさせるべき？」

こんな相談をよく受けます。

文字が読めるのに、読めないと言う……。実際に、その通りなのです。

これは「あ」、これは「い」と識字することができても、それをスラスラと切れ目なく読めるかどうかは、また別の問題です。

自分で読んでおきながら、「なんて書いてあった？」と聞く子がいますが、これは**単に文字を一字ずつ拾い読みしただけで、内容を理解したわけではない**のです。

ムリに自分で読ませようとしても、子どもにはハードルが高いし、楽しくもありません。本が嫌いになってしまうだけです。

ですから、焦らず読み聞かせを続けていってください。これまでくり返し述べてきたように、読み聞かせは大きな価値があるのです。

●●● やっぱり読み聞かせがベース

そして、同時並行的に、「子どもが暗記してしまっている本」を読ませてみましょう。

読み聞かせを続けていると、子どもが暗誦してしまう本が出てきます。たいていが、リズムやゴロの良い「良い音」の本です。繰り返し聞いているうちに、すっかり音が「入って」しまい、ふとした拍子に一節をそらんじたりします。歌を自然と口ずさむようなものです。

その本を、「○○ちゃん、お母さんに読んで」と言うのです。あるいは、弟や妹がいるなら「読んであげて」と言うのもいいでしょう。

子どもは文字を見て読みますが、正確には音が先にあり、それを文字で確認して

いる状態です。これがとてもいいのです。

すっかり覚えているから、スラスラ読むことができる。だから楽しい。その好循環で、自分で本を読むことのおもしろさに少しずつ目覚めていくでしょう。

同時に、この方法によって、識字力も上がります。そうすれば、ますます読むのが楽しくなります。暗記していない文章も読めるようになるのは、すぐそこです。

もしまだ暗記している絵本がなかったら、そうした本が出てくるよう、ますますたっぷり読み聞かせをしてあげてください。できれば、先に紹介した絵本の中からその1冊が出てくると理想的です。

やっぱり、大切なのは「読み聞かせ」なのです。

子どもに「本を読んでもらう」のもアリ

音読の期間をできる限り長く引っ張る

読み聞かせてもらう状態から、自分で声に出して読むところに進むわけですが、これはつまり「音読」です。

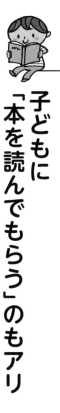

実は「音読」こそ、日本語了解能力を伸ばすのに欠かせないものであり、子どもに何よりさせてほしいことなのです。

5、6歳になると、黙読で本を読む子も出てきます。それによって読書量は増えますのでけっこうなことなのですが、できるだけ自分で音読する期間が長くなるように引っ張ってほしいというのが、私の考えです。

国語の力は、音読を聞いただけでわかります。本になじみが薄く、勉強があまり得意でない子は、単語の意味を理解するのにいちいち時間がかかります。主語、述語の関係性をはじめとする、文章の基本的な構造が頭に入っておらず、声に出して読むとどうしてもとぎれとぎれになってしまいます。

黙読では本人も周りも気づかないことが、音読によって露呈されるのです。本当に読めない子は、黙読では長い文章だと同じ行を読んでしまうこともあるくらいです。

私は現在、音読指導で地方の公立小学校へ出向き、鳥取県では定期的に音読講座を開いています。鳥取では回を重ねている子どもが多く、みんな耳で聞いて反唱することがうまくなっているので、テキストに漢字が多くなってもきれいに読めてしまいます。

古い街並みにある町家の二階で講座を行ったとき、開け放された窓から聞こえる古典の音読に、道行く人が「まるで寺子屋のよう」と口にしたそうです。

これこそが教育の本来の姿であり、たしかな学力を身につける最善策なのです。

第1章でふれた大川翔君は、4歳の頃から漢詩、論語、百人一首の素読をしていたそうです。素読とは、文章の意味はさておき、文字を目で追いながら音読することです。音読の重要性を彼のご両親もご存知だったのでしょう。

●●●家族をギャラリーに

小さいうちにできるだけ音読をさせることで、将来の学力向上につながります。小学校では必ず音読の宿題が出ますが、そこから始める子どもに比べると、大変なアドバンテージがあるわけです。

音読を促すために欠かせないのが、親の聞く姿勢です。家事の片手間ではなく、そばでじっくり聞いてあげましょう。

なかなか自分から音読しようとしない子は、「次はあなたの番ね」と、親の読み聞かせと交代でやってみます。

先にも述べたように、弟妹に読んで聞かせたり、他の家族をギャラリーに読むの

もいいでしょう。

子どもが音読する際も、「一音一音ハッキリ読み」が基本です。親御さんが実践されていると、子どももおのずと「一音一音ハッキリ読み」をすると思いますが、うまくできていなくても無理強いせず、大きな声でゆっくり読めればよしとしましょう。

また、間違いを指摘する必要もありません。音読の楽しさを教えることの方が先です。**つっかえつっかえでも子どもが読めたら、とにかく褒めまくります。**「もうお母さんより上手ね」と、自信満々にさせてあげましょう。

●●● 語彙が豊富な子は自己表現力が違う

音読は絵本に留まらず、その先の幼年童話を読むようになっても続けたいところです。

幼年童話とは、絵本と児童書の中間のようなもの。絵本より文章量があるものの、活字は大きく絵もたくさん入っています。

絵本に比べると文章も本格的ですので、音読すると「て・に・を・は」など助詞や助動詞の繊細な言語観察が自然に行えるようになります。

文中で「～が、」と出てきたら逆接のケースが多いとか、「～も」というのはあるものとあるものが同列に並んでいることを指すなど、助詞、助動詞の働きをしっかり捉えて、文意を正確に把握できる力がつくのです。

これを早い段階でビシッと入れてしまえば、中学年になる頃には、もっと上の子が読む本もラクラク読めるようになります。

難関私立中学校に合格するには、「小6で新書が読める」というのが、私が設定しているひとつの目安ですが、それも余裕でクリアです。

ある程度の長さの物語を音読することのメリットは、まだあります。「さえ」「ほど」「だけ」「でも」。これらは、さまざまな言葉にくっついて、「類推」「程度」「限定」「例示」などの意味をつけ加える、強調の副助詞です。だから、やや強く読む必要があります。黙読ではなんとなく通り過ぎてしまう類の言葉ですが、音読でしっかりと「さえ」と発音していると、日常で使いこなせるようになります。

使いこなせるとは、文法的に理解して、100点満点の説明ができるという意味ではなく、会話や文章で効果的に使えるようになるということです。

「僕やだ」「僕やらない」としか言えない子と、「なんで僕だけがしなくてはいけないの?」と言える子では、自己表現力が違ってきます。語彙が豊富になり、言葉に圧倒的に強くなれるのです。

こういう言葉を使いこなせるようになるには、子どもが自分で「だけ」としっかり発音できていること以外にないのです。

頭が良くなる本は「文学」と「知識本」の二本立て

●●● 文学は好きなジャンルを読み込みたい

10歳までの読書量で学力が決まる。本書の冒頭から、くり返し述べてきました。では、子どもが自分で本を読めるようになったとき、具体的にどんなものを選べばいいのか。最後に、子どもに読ませたい本をジャンル別に紹介していきます。

子どもの頭を良くする本は、物語本（文学）と知識本の二本柱です。どちらもバランス良く吸収するのが理想ですが、基本は子どもの好きなものを「めっちゃ読み」です。

物語本は、絵本と同様できるだけ音の良いものを読んでほしいと思います。この頃にはもう子どもも黙読になると思いますが、音の良い本はやはり日本語了解能力を高めてくれます。173ページから紹介する本も、いずれも私が音読して選ばせていただきました。この中から読んでみたい本が見つかれば幸いです。

さて、絵本から本格的な児童文学に移行する前段階として、先にも述べたように「幼年童話」があります。子どもの頃、物語に挿絵があるとうれしかった記憶はないでしょうか。絵本からいきなり文字だけの世界へ移るのは、子どもにはハードルが高く感じられます。そこでまず、絵本に比べると絵の量は少ないけれど、文章が良く、挿絵に作り手の神経が行き届いているような幼年童話へ進みます。

この手の幼年童話であれば、親が読み聞かせることもできる長さです。早い子で小学校入学前から読み始め、小学校中学年くらいまでに最適です。

こうした幼年童話の中には、単純な物語に複数の登場人物が出てくるものがあります。こうした本を一人で読み切れるようになると、難関私立中学の国語の入試問題をラクラク解けるくらいの国語力がつきます。

そして、ある程度、幼年童話に親しんだら、徐々に絵を減らして文章を多くし、児童書へ移ります。冒険もの、愛情もの、成長物語、ファンタジーという大まかな種類分けができます。

子どもにとって文学とは、「他者理解の機会」を得るためのテキストです。

子どもが好む傾向がわかってきたら、一緒に感想を言い合うなど、親が話し相手になって、読書の奥深さを伝えてあげましょう。

●●●「とんだたぬきだね」の意味がわからない子

ちょっとした笑い話です。

ある超難関私立中学の国語の試験で、問題文中で登場人物が発した「たっつあんもとんだたぬきだね」という言葉の意味を説明させる問題が出たことがあります。

正解はもちろん、「一見、善良そうに見えて人をだますこと」ですが、以前、この問題の意味がまったくわからない生徒がいました。たぬきが人を化かすということを知らないのです。テレビでたぬきという動物を見て姿を想像できるとか、田舎のおじいちゃんちにある大きなたぬきの置物を見たことがあるという経験だけでは、この問題は解けません。

現代は、あちこちでたぬきを見ることなどなくなりました。ですが、「たぬきが人を化かす」ことが人々の共通認識として存在するのは確かで、そのもとは『カチカチ山』などをはじめとする昔話や民話に親しんできた経験にあります。

たとえば「白馬の王子様」という言葉。女性にとっての理想的な男性像を示すということは、世の中の共通概念とされています。しかし、そのもとは言うまでもなく『白雪姫』の物語です。極端な話をすると、幼年期に童話に親しんでいなければ、白馬の王子の意味がわからないということが起こりかねません。

文化的な共有事項を、どれだけ知っているか。本から知り得ているか。難関校はそんなところも突いてくるわけです。

中学受験のことはさておき、本を読んでいるから培われる常識、教養がある。それは学力を裏支えする大きな柱となります。そして、これからの人生をも豊かにしてくれるものだと思います。

本で興味を持った世界を実際に体験させよう

知識本の吸収は学校の勉強に直結

知識本は、子どもによって興味を示す分野が違ってくると思います。親御さんはわが子がどんなジャンルに関心を見せるか、楽しみにしながら観察を続けていってください。

本書では188ページから、「自然」「数学・科学」「社会」「歴史」、さらに「遊び」に分類しています。どれも小学校での科目に直結しているので、手元において日常的に眺めることが、将来の得意科目を作るチャンスになります。

また、今まさに社会科や理科を学校で勉強中というときも、理解の助けになってくれます。

たとえば『地面の下のいきもの』（大野正男／作　松岡達英／絵）のように、その分野の専門家が広いバックヤードをもとに描いている本は、しばらくじーっと見るに堪えるほど、実に細密です。

このような**細密な絵を「ぐっと見る」、つまり「見入る」経験が、視覚的な記憶力を飛躍的に伸ばします**。それが、複雑な公式や数式、実験手順などの板書をパッと一瞬で記憶して、ノートに書き移す能力につながるのです。

また、子どもが関心を見せた分野については、図鑑を購入しましょう。日本の図鑑は、教育の視点を軸に娯楽性も兼ね備えています。これほど頻繁に情報が更新され、ビジュアル重視で徹底的におもしろく作られている書物は、世界に類を見ません。

難しい漢字が満載なのも大きなメリットです。「進化」「寿命」など抽象的で理解しづらい言葉や、専門語などを知ることができるいい機会なのです。そのとき意味はわからなくても、頻繁に開いて眺めていると、そのうち言語と意味がシナプスで結ばれて知識として定着します。

こうした経験を図鑑で積んでおくと、将来もっと難しい本で「理念」「概要」といった抽象語に出会ったときも、頭に中にとどめ、理解する力が養われます。

●●●自然や博物館、展覧会へ

子どもがどんどん本を読み、本をほしがるようになったら、

「すごいね、もう読んだの？」

「これも、読んだら内容を教えてね」

「○○ちゃんは内容をお話するのがうまいから、お母さんもっと聞きたくなるよ」

と褒め、さらに読書にハメていきます。

知識本の中で興味を持つことが出てきたら、実物を見せてください。植物が好きな子なら、本を持って公園や森林に出かけ、本に載っている草や花を探してみます。

星が好きなら、空気のきれいなところに旅行したり、プラネタリウムに行くのも

いいでしょう。
　また、関心事についての展示会や博物館へ出掛けていきましょう。子どもの将来につながる可能性がありますし、その分野のすごい人たちの存在と仕事を知ることで、身近に感じることができます。

「次の日曜日どうしようか」というとき、今まさに子どもが関心を示している本と同じものを、実生活の中でくり返し刷り込んでいくのです。美術館、科学館、〇〇博、国立公園、山、海、川、コンサート、キャンプ。
　子どもに実物を見せ、体験させて、感動や驚きで子どもの目が輝くのはどんな瞬間なのか、タイミングを狙っていることです。

●●●「読書ノート」でさらに本好きに

子どもが読書を楽しみ、生活の一部にできるよう、「読書ノートをつける」ことをお勧めします。小さいうちは親が記録してあげてもいいでしょう。小学校に上がったら自分で書くという目安で行ってください。

タイトル、作者、日付、「○○○○なお話」といった簡単なコメントを書く程度で十分です。書けるなら「○○○の場面で感動した」「私はこう思った」など感想も加えます。

悲しいかな、子どもは子どもに染まります。小さい頃は図書館通いが好きだった子も、友達がゲームばかりしているとつられてしまいます。そこをどう制御するかということです。

現代は、インターネットがあればたいていの知識が得られます。しかしそれは、全体知の中の情報の断片に過ぎません。自分の関心ごとを知識として定着させるには、やはり読書なのです。

小さなうちはまだよくわからなくても、読んできた本を振り返ることは、子どもの達成感につながります。**「本好き」の証拠を残しておくことで、わが子と本の関係を良好に保ち続けることができます。**

【文学】
幼年童話

絵本から児童書の橋渡しになる本。絵本より挿絵は少なめだが、児童書よりは文章が少なく活字も大きくて、読みやすい。小学校低学年の子に最適。短編集が多いので、読み聞かせをしてあげるのもオススメ。

エルマーのぼうけん

ルース・スタイルス・ガネット／作
ルース・クリスマン・ガネット／絵
渡辺 茂男／訳　福音館書店　1200 円

動物島に捕えられているりゅうの子を助けるため、エルマーは冒険の旅に出かけます…。長く読み継がれている幼年童話の古典。訳文もとても読みやすい。

もりのへなそうる

渡辺 茂男／作　山脇 百合子／絵
福音館書店　1300 円

2人の兄弟は、やさしい怪獣「へなそうる」と森で出会い、時のたつのも忘れて遊びます。『エルマーのぼうけん』の翻訳で著名な渡辺氏の幼年童話。

くまの子ウーフ

神沢 利子／作　井上 洋介／絵
ポプラ社　1000 円

遊ぶこと、食べること、そして考えることが大好きなくまの子ウーフ。「さかなにはなぜしたがない」「いざというときってどんなとき？」など、ウーフの疑問は子どもの共感を呼ぶ。

※本書に掲載されている書籍の価格はすべて本体価格（税別）です

ももいろのきりん

中川 李枝子／作　中川 宗弥／絵

福音館書店　1300 円

大きなももいろの紙で、るるこはキリンを作りました。キリンは動き出し、外の世界へ…。キリンのピンク色が鮮やかな本。中川氏の幼年童話は他に『こぎつねコンチ』など。

ふたりは ともだち

アーノルド・ローベル／作・絵

三木 卓／訳

文化出版局　950 円

がまくんとかえるくんの、ユーモラスな友情物語。詩人でもある三木氏の文章はリズミカル。短編集なので、読み聞かせにも最適。ローベルには他に『ふくろうくん』など。

ジオジオのたんじょうび

岸田 衿子／作　中谷 千代子／絵

あかね書房　1000 円

ライオンのジオジオはお菓子なら何でも好き。70 歳の誕生日にできたケーキはダンプのタイヤより大きなくらいです。絵本『ジオジオのかんむり』のジオジオが幼年童話に登場。

こぐまのくまくん

E・H・ミナリック／文　モーリス・センダック／絵

松岡 享子／訳

福音館書店　1000 円

主人公のくまくんが、なんともユーモラス。子どもは共感し、大人はクスリと笑ってしまう。児童書翻訳の大御所・松岡氏の訳文は、自然でとても読みやすい。

ジャングルめがね

筒井 康隆／作　にしむら あつこ／絵

小学館　1100 円

ジャングルめがねは、人が動物に見えてしまう不思議なめがね。めがねをかけたしんすけくんは、ジャングルとなった街へ出かけましたが…。SF 大家の筒井氏によるファンタジー。

はじめてのキャンプ

林 明子／作・絵

福音館書店　1200 円

大きな子どもたちにまじって、初めてキャンプの一晩を過ごす女の子。そのドキドキワクワク感を味わえる。文章は少なめで挿絵も多いので、絵本感覚で楽しめる。

おでん　おんせんにいく

中川 ひろたか／作

長谷川 義史／絵

佼成出版社　1100 円

おでんダネの親子が、温泉ランドへ。おしるこの湯にラーメンの湯に寄せ鍋の湯…。温泉ランドは今日も大盛況。ダジャレの効いたリズムの良い文章が楽しい。

おしいれのぼうけん

ふるた たるひ、たばた せいいち／作・絵

童心社　1300 円

保育園で、先生に叱られて押し入れに入れられた、あきらとさとし。そこで出会ったのは、地下の世界に住む恐ろしいねずみばあさんで…。ドキドキするストーリー展開。

おおきくなったら

森山 京／作　芭蕉 みどり／絵
ポプラ社　854 円

大きくなったら何になる？うさぎちゃんは看護婦さん。りすくんは船長さん。でも、きつねくんにはなりたいものがない…。自分の未来の姿への憧れとおそれをやさしく描く。

かにむかし

木下 順二／文　清水 崑／絵
岩波書店　800 円

劇作家の木下氏の新解釈による「さるかに合戦」。方言の味わいを生かしたリズミカルな再話。素晴らしい文章なので、最初のページだけでも音読させたいもの。

きいろいばけつ

もりやま みやこ／作
つちだ よしはる／絵
あかね書房　900 円

丸木橋のたもとで見つけた、黄色いばけつ。誰のものかわからない。1 週間したら自分のものにしようと決め…。人気の「きつねの子」シリーズ。

寺村輝夫の
とんち話・むかし話 シリーズ

(おばけのはなし 1)

寺村 輝夫／作　ヒサ クニヒコ／画

あかね書房　1000 円

『ぼくは王さま』の寺村氏による、日本の昔話シリーズ。おばけ話からとんち話、笑い話、古典的な昔話まで全15 冊。ユーモア漂う文章と絵で楽しく読める。

モンスター・ホテル シリーズ

(モンスター・ホテルでこんばんは)

柏葉 幸子／作　高畠 純／絵

小峰書店　1100 円

『霧のむこうのふしぎな町』などで著名な柏葉氏の幼年童話。町はずれにあるモンスターホテル。今にも倒れそうなそのビルは、モンスターたちが泊まるホテルなのです。

わかったさんのおかし シリーズ

(わかったさんのクッキー)

寺村 輝夫／作　永井 郁子／絵

あかね書房　900 円

クリーニング屋さんのわかったさんが、配達の途中でまきこまれる不思議な世界。お菓子作りも一緒に楽しめる人気のシリーズ。

セロひきのゴーシュ

宮沢 賢治／作　茂田井 武／絵

福音館書店　1100円

宮沢賢治の名作短編童話に挿絵をつけて1冊にした本。流れるような美しい文章の賢治童話は「良い音」の代表。繰り返し読んで日本語了解能力を磨きたい。

ぽけっとにいっぱい

今江 祥智／作　長 新太／絵

理論社　1500円

『すてきな三にんぐみ』『ぼちぼちいこか』の訳者である今江氏の童話集。19編あり、1話が短いのですぐに読める。「アメだまをたべたライオン」「ぽけっとの海」など。

ものぐさトミー

ペーン・デュボア／文・絵

松岡 享子／訳　岩波書店　880円

なまけ者のトミーは電気じかけの家に住んでいます。朝ベッドから起きるのも、食べるのも歯を磨くのも、すべて機械じかけ。ところがある嵐の日、停電になって…。大笑い必至。

【文学】
児童書

小学校中学年くらいからに最適の本。子ども向けに平易な文章のものから、大人でも読み応えのある本格的な文章のものまで様々。冒険物からファンタジー、ミステリーまで、好きなジャンルからどんどん読んでいきたい。

いやいやえん

中川 李枝子／作
大村 百合子／絵
福音館書店　1300円

やんちゃな保育園児しげるが主人公の物語集。保母だった中川氏が描く園児は、決して「良い子」ではなく、わがままをたくさん言うリアルな姿、小学生も共感できる。

森おばけ

中川 李枝子／作
山脇 百合子／絵　福音館書店　1300円

森に住むおばけ一家が引っ越してきたのは、ある小学校の1年生の教室。おばけの一家と子どもたちとの愉快な交流を描く。中川氏の児童書は他に『三つ子のこぶた』なども。

大どろぼう ホッツェンプロッツ

オトフリート・プロイスラー／作
中村 浩三／訳　偕成社　1000円

おばあさんの大切なコーヒーひきを奪った大どろぼうを追って、2人の少年が大活躍。スリルとユーモアあふれる古典。文章はボリュームがあるが自然な訳文で読みやすい。

※本書に掲載されている書籍の価格はすべて本体価格(税別)です

かいけつゾロリシリーズ
（かいけつゾロリのドラゴンたいじ）
原 ゆたか／作・絵
ポプラ社　900円
子どもたちに大人気のシリーズ。文章も平易で読みやすいので、読書慣れしていない子にもオススメ。シリーズを読破する頃には本好きに。

車のいろは空のいろ
白いぼうし
あまん きみこ／作　北田 卓史／絵
ポプラ社　1000円
空色のタクシーの運転手である松井さん。不思議なお客さんとの出会いをやさしく温かく描くファンタジー短編集。表題作は教科書に載っている著名な作品。

ぞくぞく村のおばけシリーズ
（ぞくぞく村のミイラのラムさん）
末吉 暁子／作　垂石 眞子／絵
あかね書房　900円
ちょっと変わった妖怪たちが住む「ぞくぞく村」。挿絵が楽しく愉快なお話。児童文学作家として人気の末吉氏には他に『かいじゅうになった女の子』なども。

ぼくは王さま
寺村 輝夫／作　和田 誠／絵
理論社　1200円
卵焼きが大好き、言いだしたら聞かない、子どもみたいな王さま。でもとっても愉快。ナンセンスで楽しい寺村ワールドは、本好きにさせるのに最適。

ごきげんなすてご

いとう ひろし／作・絵

徳間書店　1300円

赤ちゃんの弟ばかりをかわいがるお母さん。いいよ、あたしは捨て子になって、素敵なおうちにもらわれるから…。家出した女の子が大活躍。小さなお兄ちゃんお姉ちゃんは共感。

こそあどの森の物語 シリーズ

(ふしぎな木の実の料理法)

岡田 淳／作・絵

理論社　1700円

不思議な「こそあどの森」で、内気な少年スキッパーの周囲に起こる物語シリーズ。岡田氏には『二分間の冒険』など、小学生を主人公にした作品が多々ある。

にんきもののひけつ

森 絵都／文　武田 美穂／絵

童心社　900円

花のバレンタインデー。小松君は27個もチョコをもらった。ぼくは1つだけ。なんでだろう？けいたは小松君の観察を始め…。直木賞作家の森氏の「にんきものの本」シリーズ。

ルドルフとイッパイアッテナ

斉藤 洋／作　杉浦 範茂／絵

講談社　1300円

幸せな飼い猫だったルドルフが、ひょんなことから野良猫になり、「教養ある」ボス猫イッパイアッテナに出会い…。知恵と成長の物語。イッパイアッテナのカッコよさが光る。

つるばら村シリーズ
（つるばら村のパン屋さん）
茂市 久美子／作　中村 悦子／絵
講談社　1400円
「つるばら村」にあるパン屋さんや家具屋さん、洋服屋さんなどが主人公の、ファンタジーシリーズ。それぞれの仕事をやさしい文章で綴る。

新版ガラスのうさぎ
高木 敏子／作　武部 本一郎／画
金の星社　1100円
東京大空襲で家族を失った敏子。焼け跡には、家にあったガラスのうさぎが、変わり果てた姿で転がっていた…。作者自身の実体験を元に、戦争の悲惨さと平和の尊さを訴える。

すみれちゃん
石井 睦美／作　黒井 健／絵
偕成社　1000円
小さいけれどおしゃまでおしゃれな女の子、すみれちゃんに妹ができました。姉妹の毎日をユーモラスに描く。女子には共感できる物語。連作シリーズ。

きまぐれロボット
星 新一／作　イラスト／片山若子
角川文庫　640円
ショートショートの神様の代表作。何でもできるエヌ氏のロボット。だが次第におかしな行動を取り始め…。星氏のユーモアと皮肉の効いた物語群は他にもたくさん読みたい。

ノンちゃん雲に乗る

石井 桃子／作　中川 宗弥／絵
福音館書店　1200 円

木の上から池に落ちたノンちゃんは、なぜか雲の上におり…。日本童話の古典。「美しい日本語」とはこのこと、という素晴らしい文章。ぜひとも声に出して読んでほしい。

穴 HOLES

ルイス・サッカー／作　幸田 敦子／訳
講談社　680 円

アンラッキーな家系に生まれたスタンリー。無実の罪で少年院に入れられ、来る日も穴を掘らされるが、ある日脱出をはかり…。米国ヒット作。テンポの良い訳文で読みやすい。

ドリトル先生アフリカゆき

ヒュー・ロフティング／作・絵
井伏 鱒二／訳　岩波書店　680 円

動物と話のできる名医ドリトル先生シリーズの第一作。疫病からサルたちを救うために、犬のジップたちを引き連れてアフリカへ…。井伏氏の訳文が素晴らしい名作。

怪盗クイーン シリーズ

(怪盗クイーンはサーカスがお好き)
はやみね かおる／作　K2 商会／絵
講談社　740 円他

気まぐれな怪盗クイーンが飛行船で飛び回り、時に変装し、時に戦い、高価な宝石や絵画などを盗んでいく。読みやすいが本格的で雰囲気のある文章。

かあちゃん取扱説明書

いとう みく／作　佐藤 真紀子／絵

童心社　1200円

いつもかあちゃんに叱られてばかりの哲哉。かあちゃんには扱い方があると父ちゃんに教えられ、取扱説明書を作ることに…。現代的なライトな文章がとても読みやすい。

リズム

森 絵都／作　金子 恵／絵

講談社　670円

ロック青年のいとこの真ちゃんを慕う少女さゆきが自分らしさを探し始める中学３年間の物語。森氏の瑞々しい文章が女子には共感を呼ぶ。

魔女の宅急便

角野 栄子／作　林 明子／絵

福音館書店　1500円

親元を離れた魔女の子キキ。相棒の黒猫ジジと喜び悲しみを共にしながら、知らない町で魔女として一人立ちしていく姿を描く。アニメ映画が有名だが、原作もぜひ読みたい。

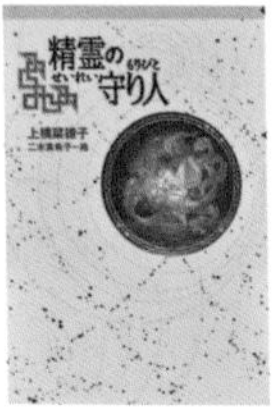

軽装版 **精霊の守り人**

上橋 菜穂子／作

二木 真希子／絵　偕成社　900円

第二皇子チャグムの体に宿った精霊の卵を、女用心棒バルサが命をかけて守る痛快ファンタジー。児童文学ながら、上橋氏の文章は重厚かつ本格的で、国語力を鍛えられる。

銀河鉄道の夜

宮沢賢治童話集 3（新装版）

宮沢 賢治／作　太田 大八／絵

講談社　680 円

ジョバンニとカムパネルラの二人の少年は、銀河鉄道にのって四次元への不思議な旅へ…。他に『オッベルと象』や代表的な詩『雨ニモマケズ』の全文なども収録。

大造じいさんとガン

椋 鳩十／作　小泉 澄夫／絵

理論社　1800 円

長く読み継がれている椋氏の代表作。他に『片耳の大シカ』や『月の輪グマ』など。人間と動物のロマンを格調高い文章で描く物語は、ぜひ感性豊かな幼少期に出会いたい。

マジック・ツリーハウスシリーズ

（第 1 巻／恐竜の谷の大冒険）

メアリー・ポープ・オズボーン／作　甘子 彩菜／絵

食野 雅子／訳　KADOKAWA　780 円

ジャックとアニーは森で不思議なツリーハウスを見つける。それはタイプスリップできる小屋で…。スリル満載の冒険ファンタジーシリーズ。訳文が非常に練られ、読みやすい。

冒険者たち ガンバと 15 ひきの仲間

斎藤 惇夫／作　薮内 正幸／画

岩波書店　1800 円

ドブネズミのガンバと仲間たちは、知恵と力の限りを尽くして、どう猛なイタチと戦う。映像が目に浮かぶような鮮やかな自然描写、生き生きとした会話表現。アニメ化も納得。

くもの糸・杜子春（新装版）

芥川龍之介短編集

芥川 龍之介／作　百瀬義行／絵

講談社　680円

「くもの糸」「杜子春」「鼻」など、小学生のうちにぜひ読んでおきたい芥川龍之介の名作短編を11編収録。子ども向けに読みやすい工夫が。いずれも言わずもがなの名文。

バッテリー

あさの あつこ／作

佐藤 真紀子／絵　角川書店　640円

天才ピッチャーとしての才能に傲慢なまでの自信を持つ原田巧。彼と心を通わせせようとするキャッチャーの永倉豪。大人をも動かす少年たちの物語。あさの氏の児童書には他に『風の館の物語』『NO.6』など多数。

新美南吉童話集

新美 南吉／作

角川春樹事務所　680円

「ごん狐」や「手袋を買いに」等20作収録したアンソロジー。ある日、背中の殻の中に悲しみがいっぱい詰まっていることに気づいてしまった「でんでんむしのかなしみ」など。

木を植えた男

J・ジオノ／作　F・バック／絵

寺岡 襄／訳　あすなろ書房　1600円

山岳地帯に一人とどまり、何十年もの間黙々と木を植え、森を蘇らせた男。その不屈の精神を綴る。重厚な文章ながら、絵本体裁で短いので、じっくり味わって読みたい。

【文学】
名作シリーズ

古今東西の名作と呼ばれる作品を集めたシリーズ。世界文学であれば、たいてい子ども向けに平易な文章でダイジェスト的にまとめ直されている。それが後々、原作を読むハードルを低くしてくれる。シリーズすべてを読破したら相当の名作通に。

21世紀版 **少年少女日本文学館**
(サアカスの馬・童謡)
講談社　1400円
日本文学の名作を、子どもにも読みやすい紙面でまとめた全集。日本文学の入門に最適。本書は安岡章太郎や吉行淳之介など、「第三の新人」と呼ばれた作家たちを中心に8編を収録。

子どものための
世界文学の森 シリーズ
(十五少年漂流記)
集英社　850円
子どものうちにぜひ読んでおきたい世界の名作シリーズ。『十五少年漂流記』から『ああ無情』『赤毛のアン』まで全40冊。

齋藤孝のイッキによめる!
名作選 (3年生)
齋藤 孝／編
講談社　1000円他
宮沢賢治の古典から、はやみねかおるの現代文学まで、名作短編のアンソロジー。いろいろな作家の物語をつまみ食い的に読むのも良いもの。学年別にある。

【知識】
自然

虫や植物、天体、地球のしくみまで、自然に関する本。小学生向けには写真やイラストを多用した、絵本的なものが多い。眺めるだけでも楽しい。なかでも図鑑は、知識の宝庫。決して高価ではないので、いつでも本棚から取り出せるよう、買い揃えたい。

草の名前が葉っぱでわかる

近田 文弘／文
おくやま ひさし　かわうち やよい／絵
大日本図書　1333 円

普段よく目にするがわからない、身近な草花の名前を、まる葉、さんかく葉、げじげじ葉など、葉っぱの形から調べることができる。本を持って散歩に出かけたい。

地面の下のいきもの

大野 正男／文　松岡 達英／絵
福音館書店　1300 円

アリやモグラなど地面の下に暮らす生き物たちの暮らしを、原寸大の断面図で描いた本。細密な絵が美しい。こうした絵を「ぐっと見る」経験は、視覚的な記憶力も伸ばす。

講談社の動く図鑑 MOVE シリーズ（動物）新訂版

講談社　2000 円

他迫力ある写真で人気の図鑑シリーズ。付属のDVD は NHK 制作で、図鑑の中身と連動しており、たとえばミーアキャットがどんな動物かなど、映像でわかる。興味のあるものから。

ふしぎいっぱい写真絵本シリーズ
(おかしなゆき　ふしぎなこおり)

ポプラ社　1200円

身近な生き物や自然を、物語にのせながら印象的な写真で見せる絵本シリーズ。本書には、自然が作った雪と氷のおもしろく美しいオブジェがいっぱい。他に『うんちレストラン』『いのちのカプセル まゆ』など。

フレーベル館の図鑑 ナチュラシリーズ
(さかなとみずのいきもの)

フレーベル館　1900円

未就学児から楽しめる図鑑シリーズ。たくさんの種類を紹介するよりも、たとえば「えび」ならその体の作りや生態を詳しく解説するなど、理解に焦点を当てている。

科学のアルバムシリーズ
(星座をさがそう)

あかね書房　1500円

写真をたくさん載せながらも、文章全体でそれぞれのテーマについて解説するシリーズ。興味のある分野を深めるのに良い。ジャンルは生き物から天文、地学まで多岐にわたる。

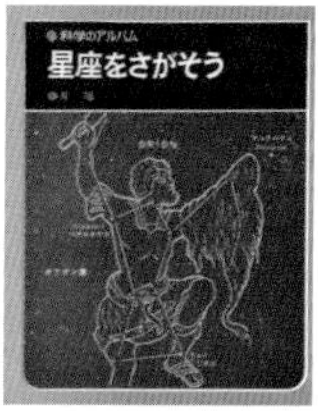

シートン動物記シリーズ
(オオカミ王　ロボ)

アーネスト・T・シートン／作・絵
今泉 吉晴／訳・解説　童心社　1100円他

アメリカの博物学者シートンの、自身の体験や見聞をもとに作られた物語。椋鳩十氏の動物童話とはまた違った趣。『オオカミ王ロボ』『わたしの愛犬ビンゴ』など。

ビジュアル 地球大図鑑

マイケル・アラビー／著

日経ナショナルジオグラフィック社　6476円

大きな版面の、迫力ある写真と豊富な図解イラストが圧巻のビジュアル図鑑。「海洋」「陸地」「気象」など、あらゆる角度から地球を解剖。他に『ビジュアル動物大図鑑』も。

ファーブル昆虫記シリーズ（ふしぎなスカラベ）

ジャン・アンリ・ファーブル／作

奥本 大三郎／訳・解説

見山 博／標本画・漫画　集英社　1600円

半生をかけて昆虫の行動観察を行い、「虫の詩人」とも呼ばれるファーブルの『昆虫記』。文学作品としても名高く、昆虫好きならずとも読んでおきたい。

ホネホネたんけんたい

西澤 真樹子／監修・解説

大西 成明／写真　松田 素子／文

アリス館 1500円

鳥の骨はスカスカ？おチンチンにも骨がある？蛇やカメにペンギン、30種類以上の動物の骨が大集合。写真の見せ方がおもしろい。他に『ホネホネすいぞくかん』など。

せいめいのれきし

バージニア・リー・バートン／作・絵

石井 桃子／訳　岩波書店　1600円

地球上に生き物が誕生してから、人間の時代になるまでの、長い生命の発展の歴史を物語る絵本。石井氏の訳文は詩情にあふれ、図鑑にはないおもしろさがある。

【知識】
数学・科学

算数や理科の教科につながるジャンル。すぐれた絵本が多く、絵を楽しみながら数学的、科学的な考え方を体感できる。理数系が苦手な子にもオススメ。

1つぶの おこめ さんすうのむかしばなし

デミ／作・絵　さくま ゆみこ／訳
光村教育図書　1900円

人々の作ったお米を独り占めする王様から、算数のひらめきで奪い返した女の子のお話。今日は1粒。明日は2粒。明後日は4粒。30日経ったら何粒？累乗の迫力が圧巻。

壺の中

安野 雅一郎／作　安野 光雅／絵
童話屋　1650円

壺の中は広い海。海には1つの島があり、島には2つの国。2つの国にはそれぞれ3つの山があり…。そうして始まる階乗の物語。美しい絵で数学の楽しみを教えてくれる。

ライオンのおもさ はかれる?

ロバート・E・ウェルズ／作・絵
せな あいこ／訳　評論社　1300円

ライオンが重いのは重力のせい。重力とはものを下に引っ張る力のこと…。身近なことから、重力やテコの原理、摩擦などについて楽しく解説。絵本だが、小学生向けの内容。

たのしい!　科学のふしぎ
なぜ?どうして? (3年生)

高橋書店　850円他

普段の生活で持つような疑問について、一問一答で解説。文章は短めに、イラストがメインの楽しい紙面。「体のふしぎ」で「大人はどうしてつかれちゃうの?」など、教科書的でないのがいい。1～4年生の学年別。

もしも原子がみえたなら

板倉 聖宣／作　さかた しげゆき／絵
仮説社　2200円

目には見えない原子。もし原子を見ることができたら、こんな世界が広がります…。自称「いたずら博士」の教育学者の著者が、難しいイメージの原子をイラストで楽しく解説。1971年に発刊されたロングセラーの新版。

【知識】
社会

社会科（生活科）につながるジャンル。世の中の仕組みを、イラストや図解でわかりやすく教えてくれるものが多い。社会の常識を今のうちに知っておくことも大切。その他、地図帳も家に置いておきたい。

サインとマーク
村越 愛策／監修
フレーベル館　1800円
国際規格として認められた、日本の数々のサインとマークを紹介。眺めているだけでも楽しい。街に出て、実際にマークを見つけてみると勉強になる。

町たんけん はたらく人みつけた
秋山 とも子／作・絵
福音館書店　1200円
今日は校外学習の日。学校から駅前を通り、商店街を抜けて、何人の働く人に会うか…。見開きに細かく描き込まれた町。いろいろな仕事があることがわかる。絵探しの楽しさも。

ぼくらの地図旅行
那須 正幹／文　西村 繁男／絵
福音館書店　1900円
小学男子２人が岬の灯台まで、地図を見ながら歩くことに。２人の歩いている道がそのままイラストになり、地図も一緒に載っている。物語を楽しみつつ、地図の使い方も学べる。

小学館の子ども図鑑
プレ NEO シリーズ
（よのなかの図鑑）

小学館　2800 円

「よのなか」「くふう」「きせつ」など、素朴で身近な疑問に答える図鑑シリーズ。大きな活字とわかりやすい文章、写真イラスト満載で、対象は幼児からだが、小学生にも十分読み応えあり。図鑑の入門に。

社会のふしぎ
なぜ?どうして? (3 年生)

高橋書店　850 円他

人気の「楽しく学べる」シリーズの「社会のふしぎ」編。「どうして、顔は一人ひとりちがうの？」などの身近な疑問から「税金って、何？」などニュースでよく聞く疑問まで幅広く網羅。遊び心がある。1 ～ 3 年生の学年別。

【知識】
歴史

小学生の歴史入門は「偉人伝」から。偉人伝にはその人物の歴史的背景がそのまま載っている。物語として読み通すことで、ムリなく歴史が頭に入る。また、偉人の生き方を知ることは、倫理観も育んでくれる。

火の鳥伝記文庫シリーズ
（徳川家康）新装版
講談社　740円他
国内外のあらゆる偉人を網羅した、全100冊以上に及ぶシリーズ。徳川家康を松本清張氏が書くなど、小説としても読み応えがある。

おもしろくてやくにたつ子どもの伝記シリーズ
（野口英世）
ポプラ社　880円
野口英世からベートーベン、織田信長など、特に著名な偉人の全20冊。資料として詳しい情報も載っている。活字が大きく、入門として最適。

絵で見る 日本の歴史
西村 繁男／作・絵
福音館書店　2300円
横長の大きな本。石器時代から現在までの歴史が、見開きいっぱいの詳細な絵で展開。長大な絵巻のようで、見ているだけで楽しい。歴史の勉強に役立つ。

【 知識 】
遊び

探し絵本や迷路本など、楽しく遊べる本。小学校に上がる前から楽しめる。遊びながら、記憶力や集中力、自由な発想を鍛えられる。外出時に1冊持っていけば、十分時間をつぶせるので親は助かる。

ミッケ!

ウォルター・ウィック／写真
ジーン・マルゾーロ／文
糸井 重里／訳　小学館　1360円

「みずでっぽうをミッケ！」「カウボーイハットもミッケ！」写真の中に隠れている、いろんなものを探しっこ。探し絵本は遊びながら集中力と記憶力が育つ。大人気のシリーズ。

もりのえほん

安野 光雅／作・絵
福音館書店　900円

木々の間に、繁った葉の中に、草むらに。ゾウやリスなど100以上の動物が隠れています。本を横にしたり、逆さにしたり。見るたび、新たに発見される動物が。親子で楽しめる。

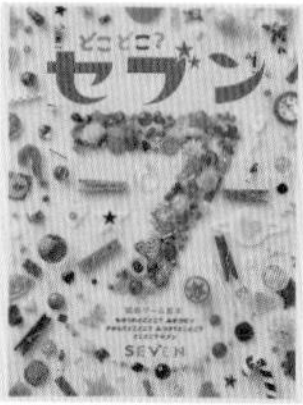

どこどこ?セブン

藤本 真／作
自由国民社　1300円

同じように見える左右の写真から、違うところを7つ見つける探し絵本。きれいでかわいい写真で展開される、楽しくファンタジックな世界。『ミッケ！』とはまた違う楽しさ。

時の迷路

恐竜時代から江戸時代まで

香川 元太郎／作・絵

PHP 研究所　1300 円

「遊んで学べる」迷路シリーズ。恐竜時代から縄文、江戸時代へ、歴史を迷路で旅する。楽しみながら歴史を好きに。他に『文明の迷路』『伝説の迷路』など。

地球をほる

川端 誠／作・絵

BL 出版　1400 円

旅行に行くことにした、つよしとけんた。地面に穴をほって、地球の裏側に行こう。めざすはアメリカ！ほって、ほって、着いたところは…。地面の中を進んでいく発想がおもしろい。

あとがき

皆様、本書ご一読まことにありがとうございます。

最近若者の読書離れがいよいよ強まっているようです。それもそのはず、かつてのテレビ、コミックスに続いて、ゲーム、ネットの利用が一般化すれば、当然本を読む機会や時間は制限されることになってしまいます。おまけにクラブ活動や受験勉強などで忙しくてゆっくり本を読んでいる時間がないと言う人もいます。でも、本書で述べた通り、子どもにしっかりとした学力を付けさせたければ、本を読む習慣を与えることは欠かせないことなのです。

子どもが勉強さえしていれば自然に本を読むようになるだろうと考えるのは甘いです。それどころか、本を読む能力があるからこそ、学年が上がるにつれて学力が上がり、大学で学ぶのに相応しい人材へと育つのです。

お子さんが幼いうちは、まさか読み聞かせが大学進学に直結しているとは思わないでしょうが、実際はそれこそ、難しい本を読む場である大学進学への原点なのです。親ができるだけ良い本を選んで、子どもに良く通ずる良い音で読み聞かせをする。やがて子どもが自分で本を読み出した時には、子どもに相応しい本を選んであげる。これは図書館の司書さんにはかなわないことかもしれませんが、自分の子どもの興味を知るのはその親に他ならないはずだと思います。

さて、読書の次に子どもに与えるべき習慣は、文章を書くことです。具体的な体験を記述することも良いですが、自分が読んだ本の面白さを人に紹介する文章を書くのはとても良い練習になります。「作文」とか「読書感想文」などと呼ぶと、文章を書くことがかえって堅苦しい印象になってしまうと思います。「面白かった」ことを人に伝えようとする文章を書くと言うのでかまわないのです。そして、この文章を書く時に涌き上がって来るのがそれまでに読んだ本のリズムと音と意味の流れです。そうです。良文音読は、実は後に文章が楽に書けるようになることを目的とするのです。そのことをお伝えして文庫化の後書きに代えたいと思います。

松永暢史

◉著者紹介　**松永暢史（まつなが・のぶふみ）**
1957年東京都生まれ。慶應義塾大学文学部哲学科卒。教育環境設定コンサルタント。「受験プロ」として音読法、作文法、サイコロ学習法、短期英語学習法など、さまざまなメソッドを開発している。教育や学習の悩みに答える教育相談事務所V-net（ブイネット）を主宰。
本書は、著者が長年行ってきた国語指導において、もっとも重きを置いている「読書」の効能を余すところなく書いたものである。『男の子を伸ばす母親は、ここが違う！』（扶桑社）が30万部のベストセラーになり、シリーズ累計60万部に。他の著書に『今、なぜ、勉強するのか？』（扶桑社）、「男の子は10歳になったら育て方を変えなさい！」（大和書房）など多数。
V-net教育相談事務所
〒167-0042　東京都杉並区西荻北2-2-5平野ビル3階
tel.03-5382-8688　http://www.vnet-consul.com/

将来の学力は10歳までの「読書量」で決まる！

発行日　2020年5月10日　初版第1刷発行

著　者　松永暢史

発行者　久保田榮一
発行所　株式会社 扶桑社
〒105-8070
東京都港区芝浦1-1-1　浜松町ビルディング
電話　03-6368-8870(編集)
　　　03-6368-8891(郵便室)
www.fusosha.co.jp

DTP制作　生田　敦
印刷・製本　図書印刷株式会社

ISBN 978-4-594-08470-7